感谢中国电信集团有限公司和联想（北京）有限公司
对本书的大力支持！

扫码阅读电子书

中国中小企业 2023蓝皮书

——中小企业数字化研究

The Blue Book of SMEs in China 2023

Research on Digitalization of SMEs

主　编　马　彬　孙文凯
副主编　谢　极　魏小强　聂贤祝

中国计划出版社
北　京

图书在版编目（CIP）数据

中国中小企业2023蓝皮书 : 中小企业数字化研究 / 马彬，孙文凯主编. -- 北京 : 中国计划出版社，2023.11
ISBN 978-7-5182-1555-3

Ⅰ. ①中… Ⅱ. ①马… ②孙… Ⅲ. ①中小企业－企业管理－数字化－研究报告－中国－2023 Ⅳ. ①F279.243-39

中国国家版本馆CIP数据核字(2023)第192521号

策划编辑：张文征　　责任编辑：张文征　周姿汝
封面设计：韩可斌　　责任校对：杨奇志　谭佳艺
责任印制：李　晨

中国计划出版社出版发行
网址：www.jhpress.com
地址：北京市西城区木樨地北里甲11号国宏大厦C座3层
邮政编码：100038　电话：（010）63906433（发行部）
北京虎彩文化传播有限公司印刷

889mm×1194mm　1/16　9.25印张　176千字
2023年11月第1版　2023年11月第1次印刷

定价：80.00元

编　委　会

序　言

党的二十大报告指出，新一轮科技革命和产业变革深入发展，国际力量对比深刻调整，我国发展面临新的战略机遇。数字技术作为世界科技革命和产业变革的先导力量，所引发的科技之战、产业之战、标准之战正在席卷全球、重塑世界。目前，我国数字化发展取得了举世瞩目的成就，对经济社会发展的引领支撑作用日益凸显。2022年，中国数字经济规模达到50.2万亿元，增速已连续11年显著高于同期GDP增速，2022年数字经济占GDP比重达到41.5%，增速保持在10%的高位，成为稳定经济增长的关键动力。

数字化转型已经成为赋能世界新一轮产业发展的核心动力。原因如下：一是数字技术推动创新过程从封闭走向开放；二是数字技术打破创新的边界，扩大参与者的范围；三是数字资源从所有权资源向使用权资源转变，从数字孤岛走向开放共享；四是价值创造从生产者驱动的单维价值创造向以消费者为中心的多维价值共创转变；五是创新生态系统从产业链结构向跨界网络结构转变。一系列变化必将催生新的产业革命。中小企业高质量发展必须走数字化转型之路。

本书在深入阐述数字化理论的基础上，分析中小企业数字化转型的发展现状，梳理国家支持中小企业数字化转型的政策脉络及效果，从企业内部制约数字化转型的因素以及外部经营环境对中小企业数字化转型的影响入手，分析中小企业数字安全面临的问题。通过深入分析中小企业数字化转型的典型案例，提出推动中小企业数字化转型的建议。

一、中小企业数字化转型的成效

1. 中小企业数字化转型成效初显。2023年2月，中国中小企业协会和中国人民大学联合开展中小企业数字化转型问卷调查。调查显示，48.98%的企业处于探索起步的阶段；27.25%的企业处于部分业务已经开展数字化转型的阶段；7.43%的企业处于核心业务已全面开展数字化转型的阶段。

2. 专精特新中小企业数字化转型更有优势。从政策支持保障来看，多重政策利好精准滴灌专精特新中小企业；从转型资金投入来看，专精特新中小企业现金流更加稳健，可用于投入数字化转型的资金更加充沛；从企业发展战略来看，专精特新中小企业从“做成”向“做好”发展，专精特新战略驱动和中小企业数字化转型先行。

3. 专精特新中小企业处于数字化转型的领军梯队，部分已经形成了可复制、可推广的数字化转型经验。中国工业互联网研究院调研数据显示，我国制造业小微企业和中小企业达到“集成提升和创新突破阶段”的比例分别超过17.9%和31.6%，其中“隐形冠军”中达到“集成提升和创新突破阶段”的占比为小微企业平均水平的3倍。

二、数字化转型推动中小企业专精特新的效果

1. 深化产业协作配套，提升中小企业专业化水平。中国工业互联网研究院调研数据显示，数字化转型推动中小企业专业化能力和需求对接能力提升显著，提升幅度分别为8.02和7.88个百分点，居于企业外部能力提升幅度的前两位。随着转型由探索起步阶段向深度应用阶段推进，转型的提升作用不断增强。

2. 激发数据要素潜能，助力中小企业精细化运营。通过应用大数据、云计算、AI、区块链、物联网等数字技术，逐步实现业务流程自动化、生产制造精细化和管理决策智能化，推动提质、增效、降本和降耗。

3. 强化差异发展战略，构筑中小企业特色化优势。一是特色化知识管理，工业App等数字工具有助于中小企业实现企业专有知识数字化管理，推动独特工艺、技术、知识等数字化传承；二是差异化品牌建设，中小企业可基于数据发掘大企业尚未覆盖或无动力覆盖的空白细分市场，制定差异化竞争战略并提供特色化产品服务；三是个性化产品服务，客户管理服务数字化帮助中小企业精准识别客户需求并提供针对性产品服务。

4. 驱动关键创新突破，促进中小企业新颖化发展。中国工业互联网研究院调研数据显示，整体来看，数字化转型推动中小企业数据管理能力、财务管控能力等提升显著，随着转型的深入，中小企业技术创新提升效果显著，产品创新能力有所提升。

三、存在的问题

1. 数字人才供给不足为首要挑战。超过75%的企业数字人才占比低于20%。

2. 企业数字化基础水平较为薄弱。中国工业互联网研究院调研数据显示，超过60%的中小企业数字化设备连接率低于40%，近50%的中小企业信息系统覆盖率低于40%、设备联网率低于40%。根据《中小企业发展报告（2020—2021）》，我国约10%的中小企业实施了ERP（企业资源计划）和CRM（客户关系管理）方案，约6%的中小企业实施了SCM（供应链管理）方案。

3. 数字化转型资金投入压力较大。处于探索起步阶段的中小企业整体资金压力最大，但对于财税政策支持的感知却最低。随着数字化转型的深入，中小企业资金压力逐渐减小、财税金融支持感知力度逐步增强。

4. 中小企业数字化方案供给不足。市场上较多的平台商提供公有云和通用能力产品，面向特定行业、特定领域、直接面向制造企业应用场景提供服务产品的功能性平台数量依然有限，面向中小企业需求的转型解决方案数量少、针对性弱。

5. 数字化转型发展环境尚不完善。数字化转型指导供给不足是阻碍专精特新中小企业转型深入的重要因素，亟须从市场和公共服务端增强中小企业数字化转型供给。

四、有关建议

落实现有政策，拓展实施新政策。具体措施如下。

1. 构建中小企业数字化转型的生态体系。第一，加大数字基础设施建设力度，形成以大数据中心、移动通信中心等为重要组成部分的信息化市场格局。第二，构建为中小企业提供IT赋能、组织赋能和管理赋能的产业公共服务体系，包括技术创新和科技金融服务网络平台，标准、检验、测试数据平台，资源对接与推广服务平台等。第三，完善工业互联网平台、数据字典等领域的数字化转型标准体系，加快细分行业中小企业转型实施指南的编制和完善，为地方政府、平台企业、用户企业等提供指引。第四，推动协同发展，建立数据共享机制。鼓励利益主体参与数据共享，打造企业数字化生态圈。鼓励政府部门、高校科研机构与企业共建共性技术协同创新平台。鼓励数字化程度较高的大企业立足中小企业共性需求，建立共建共享共用平台，与中小企业共享数字化解决方案。

2. 数字化专业人才培养。一是加强中小企业数字化人才的引进和培育工作。中小企业可以通过引进和培养的方式，打造优良的数字化专业人才队伍。中小企业可以在内部遴选熟悉企业生产工艺的管理和技术人才，并通过积极参与数字化转型的相关培训，打造适应企业数字化转型需求的人才团队。结合中小企业的数字化转型人才需求状况，也可以从外部引进专业数字化人才作为补充，以满足数字化转型的人才需求。通过就业补贴的办法，引导数字化人才向中小企业下沉，并且安心工作。二是推动高等院校人才培养的产教融合。在充分考虑企业数字化转型的市场需求基础上，将数字化人才培养与产业发展需求匹配起来。高等院校可以聘请行业内的数字化专家对专业进行诊断，进一步完善课程体系和教学内容，以提升数字化人才的培养质量。同时这些高等院校也可以通过校企合作，开办面向中小企业的数字化转型培训项目。校内聘请学校和企业的数字化转型专家进行授课，校外在优秀企业开展数字化人才实践培训，为中小企业数字化转型培养人才。

3. 财税金融扶持。一是通过服务补贴、税收减免、设立专项贷款等方式，为中小企业开展技术改造提供资金支持，加快推动中小企业“上云上平台”。二是通过政府主导，积极推进建立权威、透明的制造业企业征信体系，利用信息手段充分收集中小企业信用信息，加强征信体系与金融机构信息数据互通共享，降低中小企业征信融资难度。三是鼓励银行、基金协会等金融机构，面向中小企业构建多元化、梯度化金融产品线，丰富中小企业可选、可用的金融产品种类。四是发挥互联网金融点对点借贷平台、众筹、电商平台等融资平台功能，扩大中小企业获取金融机构推出的数字金融产品的机会。

在数字经济这一新赛道上，中国第一次与发达国家站在同一起跑线上。大力发展数字经济，是抢占全球经济发展制高点的重要机遇，是时代赋予中华民族伟大复兴的重要机遇，必须牢牢抓住。中小企业数字化转型对我国国民经济高质量发展、产业链升级和企业未来发展至关重要。中小企业的数字化转型在生产层面可以通过网络化协作提高生产和组织效率，在流通层面通过智能化匹配提升交易效率和资源配置效率，在产业层面通过放大横向和纵向外部性提升产业集群整体产出效能，在宏观经济层面通过“数实融合”激发新动能，为经济增长开辟新空间。

习近平总书记强调，“我们要乘势而上，加快数字经济、数字社会、数字政府建设，推动各领域数字化优化升级”。2023年是全面贯彻党的二十大精神的开局之年，也是全面推进《数字中国建设整体布局规划》实施的起步之年。打通数字基础设施大动脉，畅通数据资源大循环，打造数字经济发展新引擎，必能为加快建设数字中国提供强大动能，为全面建设社会主义现代化国家提供有力支撑。

希望本书对于读者有所启发和帮助。感谢中国人民大学的老师对本书编写付出的辛勤劳动，也感谢中国电信集团有限公司和联想（北京）有限公司为本书提供的中小企业数字化转型的鲜活案例。

中国中小企业协会常务副会长　马　彬

2023年6月27日

目　录

第1章

中小企业整体发展情况

2022年，我国高效统筹新冠疫情防控和经济社会发展，及时调整优化新冠疫情防控政策，切实抓好稳经济各项政策举措落实，国民经济在波动中回稳向好。与此同时，国际环境更趋复杂严峻。我国发展进入战略机遇和风险挑战并存、不确定难预料因素增多的时期，企业发展面临不少困难和挑战，特别是中小企业面临的困难更多，压力更大，更需要密切关注。

1.1 中小企业发展状况

1.1.1 中小企业经济运行情况

在新冠疫情的影响下，2022年中小企业发展指数（SMEDI）经历两起两落，除1月和6月上升外，2—5月和7—12月的指数均逐月下降，低于2021年同期水平。中小企业发展指数的走势与国民经济运行情况大体是相似的。

（1）以中小企业为主的民营企业进出口快速增长、比重提升。海关总署数据显示，2022年民营企业进出口规模所占比重达到50.9%，较上年提高了2.3个百分点，年度占比首次超过50%，对我国外贸增长贡献率达到80.8%。

（2）经营主体数量保持增长。市场监管总局数据显示，截至2022年12月底，我国登记在册的经营主体达1.69亿户，其中，企业5 200多万户，个体工商户1.14亿户。新技术、新产业、新业态、新模式不断涌现，截至2022年9月底，登记在册的“四新经济”企业达2 300多万户，占全部企业的46.4%。

（3）作为服务于创新型中小企业的北京证券交易所（以下简称“北交所”）2022年成绩显

著。截至 2022 年 12 月 30 日，北交所共有上市公司 162 家，累计总市值达 2 089.22 亿元。其中，中小企业占比 93%，民营企业占比 92%，超八成企业集中在先进制造业、现代服务业、战略性新兴产业，部分企业在稳链补链强链方面发挥重要作用。

（4）中小企业创新水平不断提升。截至 2022 年底，我国国内拥有有效发明专利的企业达 35.5 万家，较 2021 年增加 5.7 万家，拥有有效发明专利 232.4 万件，同比增长 21.8%。其中高新技术企业、专精特新“小巨人”企业拥有有效发明专利 151.2 万件，占国内企业拥有总量的 65.1%，较上年同期提高 0.5 个百分点。此外，我国专精特新等优质中小企业群体不断发展壮大。2019—2022 年，已培育省级专精特新企业 4 万多家，国家级专精特新“小巨人”企业 8 997 家。据国家知识产权局统计，在 5 729 家国家知识产权优势示范企业中，中小企业占比超过 76%。

1.1.2 面临的困难和问题

2022 年以来，中小企业面临新冠疫情反复、供需循环不畅、订单不足、成本上升、账款拖欠、利润微薄、融资困难、用工不足、开工不达产等突出问题。2022 年 12 月，中国中小企业协会对 3 000 家中小微企业的调研情况如下。

（1）受新冠疫情影响，中小企业生产经营困难，所面临的需求收缩、预期转弱和供给冲击等问题更加突出。在预期方面，中小企业对宏观经济形势和行业运行状况看法不乐观。调查显示，43.7% 的企业对当前宏观经济形势的看法不乐观，38.2% 的企业对当前宏观经济形势的看法一般，18.1% 的企业对当前宏观经济形势的看法乐观；50.8% 的企业对本行业总体运行状况的看法不乐观，35.6% 的企业对本行业总体运行状况的看法一般，13.6% 的企业对本行业总体运行状况的看法乐观。在需求方面，订单、固定资产投资均有所下降。调查显示，74.6% 的企业反映 2022 年 12 月产品订货量比去年同期减少；43.2% 的企业固定资产投资下降。在面临的主要困难中，42.10% 的企业反映市场需求不足是排位第一的困难。在供给方面，企业开工率不足，产业链供应链仍存堵点卡点，生产端恢复较慢。调查显示，近七成企业开工率不足 75%。生产恢复缓慢，68.4% 的企业反映 2022 年 12 月生产总量比去年同期减少，但较上月上升了 0.3 个百分点。

（2）原材料价格剧烈波动，中小企业承压。2022 年上半年各类原材料价格上涨，处于历史高位。2022 年下半年，全球经济增速下降，原材料价格剧烈波动，国际国内价格大幅下降，部分企业此前高价购进原材料，现在产品与原材料价格双双下降，销售停滞，库存上升。调查显示，46.5% 的企业反映 2022 年 12 月产成品库存较上月上升 0.7 个百分点。部分企业由于库存过多，被迫亏损甩卖。上下游企业盈利分化，中小企业增产不增收。部分基础原材料价格回稳，处于上中游的国有企业利润状况有所改善。中小企业由于终端需求不足，价格疲软，利润下滑。2022 年国有控股企业营业收入同比增长 8.4%，利润同比增长 3.0%；同期，私营企业营业收入同比增长 3.3%，利润同比下降 7.2%。79.9% 的企业反映 2022 年盈利情况比 2021 年增亏或减盈，但 2022 年 12 月较 11 月上升了 0.6 个百分点。小微企业经营活力下降，企查查数据显示，小微企业的注册注销比从 2020 年的 2.46 下降至 2021 年的 2.25，2022 年 9 月进一步降至 1.94。

（3）中小企业税费负担有所加重。地方政府在持续三年的新冠疫情防控压力下，出现财政困难。2022 年我国非税收入增幅达到 24.4%，同比上升 20.2 个百分点，反映出各地方政府多渠道挖掘非税收入来冲抵财政减收的倾向十分明显。此外，自 2020 年 11 月社保入税以来，中小企业社保负担有所增加。调查显示，32.1% 的中型企业和 30.2% 的小型企业反映社保负担加重，高于全部企业的占比（27.5%）。

（4）就业形势不容乐观，结构性矛盾突出。一是劳动供需不匹配，制造业用工紧张。产业工人供给不足，结构不均衡。国家统计局数据显示，近 10 年来，制造业就业人员减少约 1 200 万人。人力资源和社会保障部预计，到 2025 年，我国制造业十大重点领域人才需求缺口将近 3 000 万人，缺口率高达 48%。当前我国制造业用工面临日益细分、升级的需求与相对滞后的供给之间的结构性矛盾。用工需求波动加剧了产业工人流动。随着国内外经济形势的变化，制造企业订单不断波动，陷入停产时一些必要的支出并没有减少，为降低成本，招工和裁员的变数不断加大，导致就业岗位不稳定。青年劳动力就业难和传统制造业招工难并存。二是在技术变革和产业调整中，结构性失业现象增多。劳动力技能与岗位所需技能不匹配，既有人才难以满足新兴行业的人才需求。中国职场社交平台“脉脉”的数据显示，2022 年上半年，该平台上互联网公司工作岗位比一年前减少了 40%，但退出互联网进入新兴领域的比例极低，如进入人工智能领域的仅占 7%，进入电动车领域的仅占 5.2%。“机器换人”导致简单重复性工作快速消失。中国社会科学院人口与劳动经济研究所课题组研究估算数据显示，新技术应用对我国制造业普通劳动力岗位替代率为 19.6%。数字化转型加速后，就业困难群体技能弱势更加突出，加剧了结构性“用工荒”。三是灵活就业群体的保障政策仍显不足。灵活就业群体普遍存在就业不稳和社保不足的问题，北京腾景大数据应用科技研究院与蚂蚁集团研究院联合发布的《2022 年二季度灵活就业群体调查报告》显示，47.3% 的灵活就业人员没有劳动合同或仅有 1 年的临时合同，53.5% 的灵活就业人员没有缴纳养老保险。

（5）银行信贷需求萎缩与融资难并存。中小企业融资需求不旺，调查显示，有 31.2% 的中小企业没有融资需求。2022 年第二季度以来，社会融资规模与广义货币供应量（M2）之间增速差转负（社会融资规模存量增速低于 M2 增速）且倒挂程度不断加深，说明尽管资金供给增加，但实体经济融资需求不旺。部分有融资需求的中小企业融资困难，有 28.2% 的中小企业反映融资难，比反映融资容易的中小企业占比高 17.4 个百分点。调查显示，42.9% 的中型企业、49.1% 的小型企业和 42.9% 的微型企业反映收费负担加重。应收账款拖欠屡禁不止。国家统计局数据显示，截至 2022 年 12 月末，我国规模以上工业企业应收账款达到 21.65 万亿元，同比增长 12.3%；平均回收期为 51.2 天，同比增加 5 天。调查显示，29.2% 的企业反映应收账款增加。股权融资显著下降，直接融资渠道收窄。创投行业正在经历过去 20 年从未经历的挑战，2000 年至 2020 年，投融资额增长了 500 倍，2022 年 VC（风险投资）/PE（私募股权投资）募资同比下降 13.6%；同期 VC/PE 市场披露投资额下降 36.2%。据中国人民银行统计，2021 年对实体经济发放人民币贷款和外币贷款合计占同期社会融资规模的 64.1%，同比高约 6 个百分点，而非金融企业境内股票融资占比 3.9%，同比仅高 1.3 个百分点。这反映出我国企业融资长期以间接融资为主，且依赖度有所增加。

（6）出口下行压力加大。外贸企业成本上升、流动资金紧张、出口利润率低、人民币汇率双向波动加剧。从短期看，海外经济增速显著放缓，订单减少。2022 年以来欧美国家通货膨胀屡创新高，美国通货膨胀率升至 40 年来的最高值，抑制了欧美市场的消费需求，直接导致订单数量减少。订单不稳定，短单小单多、长单大单少。作为航运市场晴雨表的中国出口集装箱运价指数 2022 年 12 月环比下降 18.7%。从中长期看，受国内产业链外移和欧美对华限制等因素冲击，外贸企业出口下滑，其中中小企业受到的影响尤为明显。一方面，低端产业向东南亚转移。据纺织、家具和卫浴等多个行业反映，在新冠疫情、东南亚产能竞争、欧美关税壁垒、国内人工成本攀升等情况影响下，劳动密集型产业等大量转移到东南亚和南亚地区。义乌市面向 150 家重点外贸企业的问卷调查数据显示，25.5% 的企业反馈存在订单转移。另一方面，由于产业链供应链格局变化，高端产业遭受挤压。新冠疫情叠加乌克兰危机冲击，加速了全球产业链供应链调整。跨国公司重新审视供应链安全问题，在经济效率和安全之间寻求新的平衡。地缘政治因素对供应链的影响也开始显现，个别西方国家构筑“小院高墙”，出台《芯片和科学法案》，组建芯片四方联盟，对半导体产品相关设备和人员实施前所未有的限制措施，推行友岸外包和供应链“去中国化”。“低端转移”和“高端挤压”将给我国制造业带来巨大的风险和挑战。

（7）民间投资相对疲软。民营企业对未来预期不稳，投资意愿不高，加之在市场准入、融资等方面还面临着一定的困难，民间投资表现相对疲软。从民间投资同比增长率看，在 2014 年达到 15.8% 的两位数增长率之后，2015 年开始滑入了个位数增长率（8.8%）区间，2020 年和 2021 年两年年平均增长率不到 4%，2022 年增长率为 0.9%（2022 年全部投资增长率为 5.1%）。从民间投资占全国固定资产投资的比重来看，2012 年以来，该比重连续 5 年超过 60%，最高时达到 65.4%；2019 年，该比重下降至 56.4%；2021 年，该比重进一步下降至 55.6%；2022 年该比重为 54.2%。

1.1.3　稳经济政策落实情况

（1）针对中小企业的政策取得实效。2022 年 12 月，中国中小企业协会对国务院部署的稳经济一揽子政策和接续政策实施效果进行跟踪调查，企业普遍反映，针对小微企业的财税政策落地效果较好。调查显示，76.3% 的小微企业享受到减税降费政策，41.0% 的企业享受到增值税留抵退税政策，31.3% 的企业享受到社保费缓缴政策。

（2）一些政策落地效果有限。一是稳岗就业相关政策获得感不强，享受到稳岗就业政策的企业占应该享受此项政策的企业的比例为 17.6%。部分地区存在未按规定向符合条件的企业发放稳岗返还补贴、就业见习补贴等情况。相关补贴发放过程中也出现乱象，存在“注水”情况，如离职信息更新不及时等。稳岗返还政策与参保人数挂钩，中小微企业由于参保比例不高，获得资金不多。二是金融机构延期还款政策获得感不强，享受到延期还本付息政策的企业仅占应该享受此项政策的企业的比例为 8.3%。原因在于延期还本付息的申请条件苛刻，办理渠道不畅，宽限期大多在 3 个月左右，到期后需要一次性补齐所有资金，压力不轻反重。三是社保缓缴政策申请企业少、缓缴金额低。财政部财政科学研究院课题组调研发现，由于 2022 年采取的是社保缓缴而非免缴政策，部分企业申请的意愿并不强烈。以课题组调研的北京市海淀区为例，该区共有 10 万多家企业，仅有 6 000 多家企业申请缓缴，缓缴资金不到 30 亿元，涉及人数为 20 多万。四是退减税和银行税贷政策之间不协调、相抵消。小微企业反映退减税和税贷政策间有冲突，纳税额减少后，银行以“贷款综合评分不足”等为由拒绝放贷，导致企业资金周转“断流”。

1.1.4　相关政策建议

（1）刺激消费需求，深挖内循环潜力。出台系统解决长期消费问题的政策，如加强教育、医疗、大城市公租房、养老等核心公共服务供给，降低居民预防性储蓄倾向。同时，进一步调整完善收入分配制度，激活需求端活力。进一步破除影响要素自由流动的障碍，构建全国统一大市场体系。提升生产要素和产品流动的效率，使技术要素、人才要素在产业体系内部的流动更为顺畅，提升经济的韧性。

（2）确保产业链供应链稳定，实现复工达产。进一步落实落细已出台的稳定经济、稳定产业链供应链的系列政策举措，保障生产活动有序进行，保障交通物流供应链畅通，做好对关键原材料、重要零部件的保供稳价，对复工人员要做到“应返尽返”，为企业在复工达产中的用工、用能、用地等资源需求提供保障。

（3）推动中小企业数字化转型。平台企业利用渠道优势，拓宽中小企业产品与服务推介路径，促进数字经济与实体经济融合发展。龙头企业要发挥带动链上中小企业数字化转型的作用，通过技术赋能、供应链赋能、平台赋能、生态赋能等模式，打通中小企业在数字化转型方面的痛点和难点，满足中小企业研发、营销、采购等不同场景的数字化转型需求。

（4）利用大数据等金融科技手段解决融资难题。健全中小企业信用体系，实现银企信息有效对接，银行面向企业需求提供更多样的信贷产品，推动普惠小微信用贷款比例提升。

（5）贯彻落实国务院颁布的《保障中小企业款项支付条例》，切实落实监督检查责任，充分发挥法律对拖欠行为的惩戒和约束作用。以完善制度为重点建立长效治理机制，包括在反垄断法制度体系框架下解决大企业拖欠问题、利用反垄断机构的力量强化执法等。

（6）强化就业优先政策措施。一是按照新业态和新就业形态特点，探索新型的社会保险覆盖模式，使灵活就业不再是非正规就业的同义词，实现生产率提高、生产率分享、社会流动性增强与社会福利水平提高的统一。二是改革职业教育培养体系。我国企业岗位新需求增长较快与工人自身能力提高缓慢是亟待解决的矛盾问题，应该支持重点企业以“人才订单”的形式，定向委托培养关键岗位急需的人才。三是中小企业是承接就业的主体，可通过政府与市场化平台合作的模式，加强用工服务支持企业发展，促进供需对接匹配，定向为其提供数字化应用和培训服务。

（7）不断优化营商环境，特别是基层政府部门要多服务、办实事、提高效率，切实保护企业家的合法权益。对经营主体尽量做到“有求必应，无事不扰”。提升中小微企业政务服务水平，确保企业应知尽知、应享尽享。支持地方建设统一的惠企政策发布和申报系统。深化大数据等信息技术的应用，加快推动“免申即享”模式，通过企业大数据和政策大数据的对比分析，筛选并通知符合条件的企业。积极调查了解企业的困难和政策诉求，因地制宜完善政策细则。

（8）积极推进税费改革，合理界定税费收入范围，规范收费行为。按照“正税清费，分类管理”的原则，继续清理整顿行政事业性收费和政府性基金，积极推动行政零收费。研究探索实施社保费改税制度，精简规并“五险一金”，设立“社会保障税”，让减税红利得到充分释放。合理界定非税收入范围，及时取消不符合市场经济发展要求的收费项目，整合设置重叠的非税收入项目。

1.2　2022 年中小企业发展指数

1.2.1　中国中小企业发展指数指标解释

中小企业发展指数（SMEDI）是反映中小企业经济运行状况的综合指数，通过对国民经济八大行业的 3 000 家中小企业进行调查，利用中小企业对本行业运行和企业生产经营状况的判断和预期数据编制而成。

中小企业发展指数的取值范围为 0 ~ 200：① 100 为指数的景气临界值；② 100 ~ 200 为景气区间（成本指数除外），表明经济状况趋于上升或改善，越接近 200 景气度越高；③ 0 ~ 100 为不景气区间（成本指数除外），表明经济状况趋于下降或恶化，越接近 0 景气度越低；④成本指数由于与成本同向变化，0 ~ 100 为景气区间，100 ~ 200 为不景气区间。

在行业选取的过程中，依据国民经济各行业对 GDP 的贡献度，共选取了工业、建筑业、交通运输邮政仓储业、房地产业、批发零售业、社会服务业、信息传输计算机服务和软件业、住宿餐饮业八大行业。每个行业的调查内容包括 8 个分项指数：宏观经济感受指数、综合经营指数、市场指数、成本指数、资金指数、劳动力指数、投入指数和效益指数。在具体调查过程中，考虑到不同行业的特点，8 个分项里的细项调查有所区别。分项指数解释见表 1–1。

表 1–1　分项指数解释

分项指数	解　　释
宏观经济感受指数	通过企业家对宏观经济的感受程度以及对行业总体运行的看法来反映
综合经营指数	通过企业家的感受来反映企业总体经营状况
市场指数	从市场的主要环节，如订单、生产、销售以及库存等方面反映市场供需状况
成本指数	通过企业家的感受反映成本状况，涉及原材料和能源的购进价格、劳动力成本等方面

续表 1-1

分项指数	解　释
资金指数	从企业的流动资金、应收账款以及融资等方面的情况来反映企业的资金状况
劳动力指数	从劳动力的供应、需求方面来反映劳动力的综合情况，具体还涉及普通劳动力、技术工人以及大专及以上毕业生的供需状况
投入指数	从企业的固定资产投资、科技投入等方面来反映企业的投入状况
效益指数	从企业的盈利情况（增盈或减亏）来反映企业的效益状况

1.2.2 一季度中小企业发展指数有所下降

受春节放假、新冠疫情反弹和乌克兰危机等因素影响，2022 年一季度中小企业发展指数为 88.7，按可比口径环比下降 0.4 点，连续四个季度下降，低于 2021 年同期水平。其中，8 个分行业指数全部下降，降幅较大的为批发零售业和社会服务业指数，分别下降 0.9 和 0.8 点；8 个分项指数 1 平 7 降，降幅较大的为市场指数、成本指数和投入指数，分别下降 0.9、0.7 和 0.7 点。

分行业指数 8 降。如表 1–2 所示，工业、建筑业、交通运输邮政仓储业、房地产业、批发零售业、社会服务业、信息传输计算机服务和软件业、住宿餐饮业指数分别比上季度下降 0.2、0.7、0.3、0.4、0.9、0.8、0.1 和 0.2 点，均处于景气临界值 100 以下，住宿餐饮业指数最低。

表 1–2 一季度分行业指数情况

分行业	2022 年一季度	2021 年四季度	变动幅度
总指数	88.7	89.1	–0.4
工业	89.0	89.2	–0.2
建筑业	89.4	90.1	–0.7
交通运输邮政仓储业	83.3	83.6	–0.3
房地产业	92.2	92.6	–0.4
批发零售业	88.2	89.1	–0.9
社会服务业	88.5	89.3	–0.8
信息传输计算机服务和软件业	87.8	87.9	–0.1
住宿餐饮业	80.9	81.1	–0.2

分项指数 1 平 7 降。如表 1–3 所示，劳动力指数由降转平，资金指数继续下降，这 2 项指数仍保持在景气临界值 100 以上；成本指数继续下降，但仍处于不景气区间；宏观经济感受指数、综合经营指数、市场指数、投入指数和效益指数均有所下降，且这 5 项指数低于景气临界值 100，效益指数仍处于最低位。

表 1-3　一季度分项指数情况

分项指数	2022 年一季度	2021 年四季度	变动幅度
总指数	88.7	89.1	−0.4
宏观经济感受指数	97.5	98.0	−0.5
综合经营指数	96.5	97.0	−0.5
市场指数	81.2	82.1	−0.9
成本指数	114.6	115.3	−0.7
资金指数	100.8	100.9	−0.1
劳动力指数	105.6	105.6	0
投入指数	82.7	83.4	−0.7
效益指数	73.9	74.4	−0.5

2022 年一季度，中小企业发展指数反映出中小企业运行情况有以下主要特点。

企业信心亟待稳固。外部环境不稳定不确定因素增多，特别是乌克兰危机超出预期，加大地缘政治风险；国内新冠疫情点多、面广、频发，实体企业生产经营困难增多，运营成本上升，加之部分政策统筹协调不够、落实不到位且存在“一刀切”“运动式”等情况，中小企业发展信心受到较大影响。2022 年一季度反映企业信心的宏观经济感受指数为 97.5，比上季度下降 0.5 点。在所调查的 8 个行业中，有 6 个行业的宏观经济感受指数下降。

市场预期有待提振。受新冠疫情反弹和春节放假等因素影响，部分企业生产有所放缓，产业链供应链不畅，消费和投资恢复势头放缓，市场预期偏弱，资本市场反应较为敏感。2022 年一季度市场指数为 81.2，比上季度下降 0.9 点，处于 8 个分项指数的次低位。在所调查的 8 个行业中，国内订单指数和销售量指数全部下降。

成本压力仍然较大。2022 年一季度成本指数为 114.6，比上季度下降 0.7 点，仍处于不景气区间。主要原因是受新冠疫情影响，很多企业不开工或开工少，生产经营活动收缩。但随着乌克兰危机持续，国际市场原油及重要原材料价格普遍上涨，全球通货膨胀压力增加，造成我国输入型成本上升。

资金紧张状况有所缓解。中国人民银行用好普惠小微贷款支持工具，引导金融机构加大对小微企业的支持，推动降低企业综合融资成本，优化融资环境，更好满足小微企业合理融资需求。2022 年一季度资金指数为 100.8，比上季度下降 0.1 点，高于景气临界值 100。其中，融资指数为 90.5，下降 0.5 点；流动资金指数为 85.6，下降 0.2 点。在所调查的 8 个行业中，有

6 个行业的融资指数和 5 个行业的流动资金指数下降。部分创新型企业的贷款意愿不强，传统企业难以获得贷款，融资质量总体呈下降态势。

劳动力市场供应有所上升，需求有所下降。减负稳岗扩就业政策持续发力，就业市场总体平稳，春节后员工陆续返岗。2022 年一季度劳动力指数为 105.6，与上季度持平。其中，供应指数为 112.8，上升 0.2 点，高于景气临界值。受新冠疫情反弹和企业预期不稳影响，市场招聘需求有所下降，劳动力需求指数为 98.3，下降 0.2 点。就业结构性矛盾突出，普通劳动力供应上升、需求平稳；技术工人供应持平、需求下降；大专及以上毕业生供应上升、需求下降。

企业效益持续下滑。由于乌克兰危机升级、大宗商品价格大幅上升、全球通货膨胀高企，处于产业链下游的中小企业议价能力弱、成本传导能力差，利润受到双重挤压，企业效益大幅下降。2022 年一季度效益指数为 73.9，比上季度下降 0.5 点，仍为 8 个分项指数中的最低值，处于历史较低位。在所调查的 8 个行业中，有 7 个行业的效益指数下降。

企业投资意愿不强。由于市场预期不稳、企业效益下滑，加之对部分行业监管政策把握不清，对市场前景判断不明，企业投资意愿明显下降，顾虑和担忧明显增多。2022 年一季度投入指数为 82.7，比上季度下降 0.7 点。在所调查的 8 个行业中，固定资产投资指数全部下降。

行业景气状况全面下滑。工业、房地产业、批发零售业和住宿餐饮业指数继续下降，建筑业指数由平转降，交通运输邮政仓储业、社会服务业、信息传输计算机服务和软件业指数由升转降。

分地区看，东部、中部、西部和东北地区指数分别为 89.1、89.8、87.5 和 80.9，比上季度分别下降 0.4、0.4、0.5 和 0.6 点。从指数变动情况来看，东部和中部指数降幅较小，均下降 0.4 点，东北地区指数降幅最大，下降 0.6 点。

1.2.3 二季度中小企业发展指数继续回落

2022 年 6 月新冠疫情防控形势逐渐好转，生产生活秩序逐步恢复，一揽子稳增长政策持续发力，企业开工率稳步回升，产业链供应链堵点卡点持续疏通，经济运行呈企稳回升态势，中小企业景气状况有所改善。由于 2022 年 4—5 月新冠疫情对主要城市的影响较大，2022 年二季度中小企业发展指数为 88.4，比一季度下降 0.3 点，恢复速度边际放缓，低于上年同期水平。其中，分行业指数 1 升 1 平 6 降，分项指数 1 升 7 降。

分行业指数 1 升 1 平 6 降。如表 1–4 所示，住宿餐饮业上升 0.3 点，房地产业持平，工业、建筑业、交通运输邮政仓储业、批发零售业、社会服务业、信息传输计算机服务和软件业指数分别比上季度下降 0.4、0.2、0.2、0.2、0.1、0.3 点，8 个分行业指数均处于景气临界值 100 以下。

表 1-4　二季度分行业指数情况

分行业	2022 年二季度	2022 年一季度	变动幅度
总指数	88.4	88.7	–0.3
工业	88.6	89.0	–0.4
建筑业	89.2	89.4	–0.2
交通运输邮政仓储业	83.1	83.3	–0.2
房地产业	92.2	92.2	0
批发零售业	88.0	88.2	–0.2
社会服务业	88.4	88.5	–0.1
信息传输计算机服务和软件业	87.5	87.8	–0.3
住宿餐饮业	81.2	80.9	0.3

分项指数 1 升 7 降。如表 1–5 所示，资金指数止跌回升，劳动力指数由平转降，成本指数继续下降，这 3 项指数一并保持在景气临界值 100 以上；宏观经济感受指数、综合经营指数、市场指数、投入指数和效益指数均比上季度有所下降，仍处于景气临界值 100 以下，效益指数仍然处于最低位。

表 1–5　二季度分项指数情况

分项指数	2022 年二季度	2022 年一季度	变动幅度
总指数	88.4	88.7	–0.3
宏观经济感受指数	97.0	97.5	–0.5
综合经营指数	96.1	96.5	–0.4
市场指数	80.7	81.2	–0.5
成本指数	113.7	114.6	–0.9
资金指数	100.9	100.8	0.1
劳动力指数	105.5	105.6	–0.1
投入指数	82.1	82.7	–0.6
效益指数	73.4	73.9	–0.5

2022 年二季度，中小企业发展指数反映出中小企业运行情况有以下主要特点。

企业信心亟待提振。新冠疫情形势和复杂的国际环境导致风险挑战增多，我国经济发展的复杂性、严峻性、不确定性上升。反映企业信心的宏观经济感受指数为 97.0，比上季度下降 0.5 点，连续 4 个季度下滑。从调查的细项看，宏观经济感受指数包括宏观感受指数和行业运行指数，其中宏观感受指数为 101.6，比上季度下降 0.8 点，仍高于景气临界值 100；行业运行指数为 92.4，较上季度下降 0.2 点，处于景气临界值 100 以下。企业对市场前景和发展环境不乐观是导致企业信心下降的主要原因。

市场预期有待修复。市场不确定性增加，严重影响企业对生产经营和未来发展的预期。2022 年二季度市场指数为 80.7，比上季下降 0.5 点，处于 8 个分项指数的次低位。在所调查的 8 个行业中，有 4 个行业的国内订单指数和 5 个行业的销售量指数下降。

成本压力虽有所下降，但依然较大。复杂的国际环境持续推升国际能源、粮食价格，全球通货膨胀高企；国内受新冠疫情影响，要素保障难度加大、原材料成本上涨、用工成本增加，中小企业处于产业链末端，成本难以转嫁。2022 年二季度成本指数为 113.7，比上季度下降 0.9 点，虽已连续 2 个季度下降，但仍处于不景气区间，说明成本仍在高位运行。

资金紧张状况有待缓解。随着“金融 23 条”落地生效，市场流动性较为充裕，2022 年二季度资金指数为 100.9，环比上升 0.1 点，处于景气临界值 100 以上，其中，融资指数为 90.4，下降 0.1 点；流动资金指数为 85.2，下降 0.4 点。在所调查的 8 个行业中，有 5 个行业的融资指数下降。

劳动力市场供应上升，需求继续下降。随着一系列阶段性、组合式稳就业保民生政策的落地，劳动力指数处于景气区间。2022 年二季度劳动力指数为 105.5，比上季度下降 0.1 点。其中，供应指数为 113.6，比上季度上升 0.8 点；需求指数为 97.3，下降 1.0 点。受新冠疫情防控措施影响，部分企业停工停产，市场招聘需求有所下降，但情况较上季度有所好转。

企业效益状况不佳。由于上游价格上升，终端需求偏弱，处于产业链下游的中小企业议价能力弱、成本传导能力差，利润受到双重挤压，加之部分新冠疫情防控地区的中小企业停产停工，收入受到较大影响，但一些刚性支出不减，企业效益大幅下降。2022 年二季度效益指数为 73.4，比上季度下降 0.5 点，已连续 4 个季度下降，处于历史较低位。在所调查的 8 个行业中，有 7 个行业的效益指数下降。

企业投资意愿有待增强。新冠疫情走势不确定，生产成本上升，市场预期不稳，企业信心不足，企业继续投资、进一步扩大再生产的意愿明显下降。2022 年二季度投入指数为 82.1，比上季度下降 0.6 点，已连续 4 个季度下滑。在所调查的 8 个行业中，有 8 个行业的固定资产投资指数下降。

地区指数全面下降。东部、中部、西部和东北地区指数分别为 88.8、89.4、87.1 和 79.9，分别比上季度下降 0.3、0.4、0.4 和 1.0 点。东北地区受新冠疫情影响较大。

1.2.4　三季度中小企业发展指数连续下降

2022 年三季度，宏观经济环境继续保持趋稳向好，但由于美联储连续加息，全球滞胀风险上升，外部环境不稳定不确定因素增加，国内新冠疫情持续反复、经济增长“三重压力”仍然存在，内生动力偏弱，中小企业复苏的基础仍不稳固。2022 年三季度，中国中小企业发展指数为 88.3，基本保持平稳，比上季度下降 0.1 点，低于 2021 年同期水平。从分行业指数和分项指数来看，降多升少，均为 2 平 6 降。

分行业指数 2 平 6 降。如表 1–6 所示，除批发零售业和住宿餐饮业指数持平外，工业、建筑业、交通运输邮政仓储业、房地产业、社会服务业、信息传输计算机服务和软件业指数比上季度分别下降 0.2、0.1、0.4、0.1、0.1、0.1 点，8 个分行业指数均处于景气临界值 100 以下。

表 1–6　三季度分行业指数情况

分行业	2022 年三季度	2022 年二季度	变动幅度
总指数	88.3	88.4	–0.1
工业	88.4	88.6	–0.2
建筑业	89.1	89.2	–0.1
交通运输邮政仓储业	82.7	83.1	–0.4
房地产业	92.1	92.2	–0.1
批发零售业	88.0	88.0	0
社会服务业	88.3	88.4	–0.1
信息传输计算机服务和软件业	87.4	87.5	–0.1
住宿餐饮业	81.2	81.2	0

分项指数全面下降。如表 1–7 所示，资金指数由升转平，劳动力指数止跌回稳，成本指数继续下降，这 3 项指数仍保持在景气临界值 100 以上；宏观经济感受指数、综合经营指数、市场指数、投入指数和效益指数均比上季度有所下降，且仍处于景气临界值 100 以下，效益指数仍然处于最低位。

表 1–7 三季度分项指数情况

分项指数	2022 年三季度	2022 年二季度	变动幅度
总指数	88.3	88.4	–0.1
宏观经济感受指数	96.4	97.0	–0.6
综合经营指数	95.7	96.1	–0.4
市场指数	80.3	80.7	–0.4
成本指数	112.9	113.7	–0.8
资金指数	100.9	100.9	0
劳动力指数	105.5	105.5	0
投入指数	81.8	82.1	–0.3
效益指数	73.3	73.4	–0.1

2022 年三季度，中小企业发展指数反映出中小企业运行情况有以下主要特点。

企业信心有待提振。2022 年，国际环境严峻复杂，国内新冠疫情多点散发，经济下行压力仍然较大，企业对未来发展的信心仍未得到有效提振。2022 年三季度，反映企业信心状况的宏观经济感受指数为 96.4，比上季度下降 0.6 点。从调查的细项看，宏观感受指数为 100.9，比上季度下降 0.7 点，仍高于景气临界值 100；行业运行指数为 91.8，较上季度下降 0.6 点。

市场需求有待修复。由于新冠疫情反复冲击、外部环境持续趋紧，传统经济增长点受到制约，企业预期不确定性增强，中小企业面临需求不振、订单萎缩、开工不足、销售不畅、拖欠账款等困难。2022 年三季度，市场指数为 80.3，环比下降 0.4 点，处于 8 个分项指数的次低位。在所调查的 8 个行业中，有 4 个行业的国内订单指数、5 个行业的销售量指数、7 个行业的销售价格指数下降。

成本压力有所下降，但仍居高位。为应对通货膨胀，主要经济体加快加息步伐，全球货币政策进入紧缩周期，大宗原材料价格仍处高位；加之国内劳动力成本刚性上升、部分地区房租较高，特别是“二房东”转租提高租金，中小企业成本压力不减。2022 年三季度，成本指数为 112.9，比上季度下降 0.8 点，仍处于不景气区间，说明成本压力依然较大。在所调查的 8 个行业中，有 4 个行业的生产成本和劳动力成本有所下降。

资金紧张状况有所改善。中国人民银行通过鼓励金融机构发行小微企业专项金融债券、用好支农支小再贷款和普惠小微贷款支持工具以及降低企业融资成本等手段“精准滴灌”中小企业。2022 年三季度，资金指数为 100.9，与上季度持平，处于景气临界值 100 以上。其中，流动资金指数为 85.4，上升 0.2 点；融资指数为 90.6，上升 0.2 点。在所调查的 8 个行业中，有 4 个行业的流动资金指数和 5 个行业的应收账款下降。

劳动力市场供应上升，需求下降。随着一系列阶段性、组合式稳就业保民生政策落地见效，劳动力指数继续处于景气区间。2022 年三季度，劳动力指数为 105.5，与上季度持平。其中，供应指数为 114.1，比上季度上升 0.5 点，随着大学毕业生进入就业市场，劳动力供应有所增加；需求指数为 97.0，比上季度下降 0.3 点，由于开工率不足，企业经营困难，劳动力需求有所萎缩。

企业效益有待改善。虽然原材料价格有所回落，但中小企业处于产业链末端，成本压力难以释放，加之生产经营活动受新冠疫情影响较大，盈利状况不佳。2022 年三季度，效益指数为 73.3，比上季度下降 0.1 点，处于历史较低位。

企业投资意愿有待增强。2022 年三季度，投入指数为 81.8，比上季度下降 0.3 点。在所调查的 8 个行业中，有 5 个行业的投入指数下降，主要是受新冠疫情反复影响，人流物流受阻，效益持续下滑，企业扩大再生产的意愿不足。

西部和东北地区指数上升。东部、中部、西部和东北地区指数分别为 88.5、89.5、86.9 和 80.5。东部和西部地区指数分别比上季度下降 0.3 和 0.2 点，中部和东北地区指数分别比上季度上升 0.1 和 0.6 点。

1.2.5　四季度中小企业发展指数继续下降

受新冠疫情多地高发的影响，企业生产和人民生活均受到较大冲击，相对于大企业而言，中小企业受到的影响更大。2022 年四季度，中小企业发展指数为 88.0，比上季度下降 0.3 点，自 2021 年一季度开始已连续 7 个季度下降。其中，分行业指数 8 降，分项指数 1 升 7 降，下降面有所扩大。8 个行业中，指数下降较为明显的是住宿餐饮业、房地产业、社会服务业、信息传输计算机服务和软件业指数；分项指数中的宏观经济感受指数上升，市场指数、综合经营指数、资金指数和效益指数下降幅度较大。

分行业指数 8 降。如表 1–8 所示，工业、建筑业、交通运输邮政仓储业、房地产业、批发零售业、社会服务业、信息传输计算机服务和软件业、住宿餐饮业指数均比上季度分别下降 0.2、0.1、0.2、0.3、0.1、0.3、0.3、0.4 点，8 个分行业指数均处于景气临界值 100 以下。

表 1-8 四季度分行业指数情况

分行业	2022 年四季度	2022 年三季度	变动幅度
总指数	88.0	88.3	–0.3
工业	88.2	88.4	–0.2
建筑业	89.0	89.1	–0.1
交通运输邮政仓储业	82.5	82.7	–0.2
房地产业	91.8	92.1	–0.3
批发零售业	87.9	88.0	–0.1
社会服务业	88.0	88.3	–0.3
信息传输计算机服务和软件业	87.1	87.4	–0.3
住宿餐饮业	80.8	81.2	–0.4

分项指数 1 升 7 下降。如表 1-9 所示，除宏观经济感受指数上升 0.1 点外，其他 7 个指数均下降，降幅较大的为市场指数、综合经营指数、资金指数和效益指数，比上季度分别下降 0.4、0.3、0.3 和 0.3 点。其中，资金指数和劳动力指数仍保持在景气临界值 100 以上，成本指数处于不景气区间，综合经营指数、市场指数、投入指数和效益指数仍处于景气临界值 100 以下，效益指数仍然处于最低位。

表 1-9 四季度分项指数情况

分项指数	2022 年四季度	2022 年三季度	变动幅度
总指数	88.0	88.3	–0.3
宏观经济感受指数	96.5	96.4	0.1
综合经营指数	95.4	95.7	–0.3
市场指数	79.9	80.3	–0.4
成本指数	112.7	112.9	–0.2
资金指数	100.6	100.9	–0.3
劳动力指数	105.3	105.5	–0.2
投入指数	81.7	81.8	–0.1
效益指数	73.0	73.3	–0.3

2022 年四季度，中小企业发展指数反映出中小企业运行情况有以下主要特点。

企业发展信心开始回升。随着新冠疫情防控措施调整后感染人数迅速达峰，社会普遍预期生产生活秩序有望逐步恢复，中小企业发展信心有所改善。2022 年四季度，反映企业信心状况的宏观经济感受指数为 96.5，比上季度上升 0.1 点。从调查的细项看，宏观感受指数为 101.2，比上季度上升 0.3 点，高于景气临界值 100；行业运行指数为 91.7，比上季度下降 0.1 点。

市场仍须提振。由于新冠疫情反复冲击，市场需求低迷、企业订单下降、生产回落、市场不稳。2022 年四季度，市场指数为 79.9，环比下降 0.4 点，处于次低位。在所调查的 8 个行业中，有 6 个行业的销售量指数下降。

成本继续下降但仍处高位。受地缘政治影响，国际市场能源和大宗商品价格高位波动；其他经济体通货膨胀高企，美联储连续加息，世界经济衰退风险上升。原材料价格震荡上行，中小企业处于产业链末端，加之国内劳动力成本刚性上升，成本压力不减。2022 年四季度，成本指数为 112.7，比上季度下降 0.2 点，仍处于不景气区间。

资金紧张状况有所抬头。中国人民银行多措并举“精准滴灌”中小企业，但资金进入中小企业的渠道仍然不畅，中小企业融资难，账款拖欠，现金流紧张。2022 年四季度，资金指数为 100.6，比上季度下降 0.3 点，处于景气临界值 100 以上。其中，流动资金指数为 85.2，比上季度下降 0.2 点；融资指数为 90.3，环比下降 0.3 点。在所调查的 8 个行业中，有 4 个行业的融资指数下降、6 个行业的应收账款上升。

劳动力市场供应下降，需求持平。2022 年四季度，劳动力指数为 105.3，比上季度下降 0.2 点。其中，供应指数为 113.5，比上季度下降 0.6 点；需求指数为 97.0，与上季度持平。新冠疫情高发地区的员工到岗率下降，影响了企业的正常生产，企业用工需求增加，使得需求指数保持平稳。

企业效益状况仍然不佳。2022 年四季度全国各地新冠疫情高发，原材料价格上升，加之市场需求不足，企业生产经营困难，盈利能力继续下滑。2022 年四季度，效益指数为 73.0，比上季度下降 0.3 点，仍处于历史较低位。所调查的 8 个行业的效益指数均是下降的。

企业投资意愿有望改善。随着新冠疫情防控措施的优化，企业对未来的信心有所上升，扩大再生产的投资意愿有望回升，但基础仍较薄弱。2022 年四季度，投入指数为 81.7，比上季度下降 0.1 点。在所调查的 8 个行业中，有 5 个行业的固定资产投资指数上升。

受新冠疫情影响，地区指数均呈下降态势。2022 年四季度，东部、中部、西部和东北地区指数分别为 87.9、89.2、86.7 和 80.4，比上季度分别下降 0.6、0.3、0.2 和 0.1 点，东部地区指数降幅最大，东北地区指数降幅最小。

总的来看，我国高效统筹新冠疫情防控和经济社会发展，及时调整优化新冠疫情防控政策，切实落实好稳经济的各项政策举措，国民经济在波动中回稳向好。2022 年 12 月，受新冠疫情感染达峰、地缘政治冲突等超预期因素的影响，中小企业面临供需循环不畅、订单不足、账款拖欠、效益下降、融资困难、开工不达产等突出问题。要全面贯彻党的二十大和中央经济工作会议精神，坚持稳中求进工作总基调，完整、准确、全面贯彻新发展理念。加快构建新发展格局，加大宏观调控力度，着力稳增长稳就业稳物价，大力提振市场信心，稳定预期，推动经济运行整体好转。要坚持“两个毫不动摇”，鼓励支持民营经济和民营企业发展壮大，依法保护民营企业产权和企业家权益。加大对中小企业的纾困帮扶力度，细化落实减税降费等纾困政策，切实减轻中小企业负担。对各类所有制企业一视同仁，切实做到“规则平等、权利平等、机会平等”，引导金融机构进一步解决好中小企业融资难问题，打破各种形式的市场准入不合理限制和隐性壁垒，激发中小企业活力，大力提振市场信心。坚持纾困和服务两手抓，着力促进中小企业稳增长调结构强能力，推动其高质量发展。

1.3 2022 年国家扶持中小企业的政策

1.3.1 政策目标

近年来，面对超预期因素给中小企业带来的冲击，政府部门坚持纾困与培优两手抓，助力广大中小企业平稳健康发展。仅 2022 年一年，国家层面出台支持中小企业发展的政策就达 40 多项，带动地方出台配套政策文件 270 多份，为促进中小企业长期稳定发展和解决中小企业的现实问题创造了良好的政策环境。

一是创新完善政策体系。全面贯彻《中华人民共和国中小企业促进法》，认真落实《保障中小企业款项支付条例》，深入实施《“十四五”促进中小企业发展规划》。新冠疫情期间国家和地方出台了一系列纾困政策，同时也有扶持中小企业发展的专项政策，例如融资纾困、财税优惠、公共服务、政府采购等，并不断推动各类惠企政策落细落实。

二是围绕惠企纾困和转型升级制定政策。惠企纾困政策有专门针对中小企业的一揽子政策和接续措施，转型升级政策包括优质中小企业梯度培育、中小企业数字化转型以及保护中小企业知识产权等系列政策。

三是政策不断演化服务国家战略。技术和市场的变化，迫切要求政府不断调整和创新中小企业政策，推动政策精准服务中小企业的现实需求。当前中小企业政策表现出与经济社会发展的高度匹配和相容性，专精特新、数字化转型、双碳等成为经济社会发展新的增长点，政府部门及时对中小企业政策予以调整和完善，既有利于中小企业在新情景下的新发展，也有利于促进相关战略目标的实现，形成了中小企业与经济社会共生共赢的发展局面。

1.3.2　促进中小企业发展相关政策简评

针对当前中小企业政策的具体内容，本节选取部分具有代表性的政策，对其予以简单评价，以期为进一步的政策改进提供参考。

1. 融资促进方面

融资难、融资贵是中小企业发展过程中不可回避的现实问题。为解决中小企业融资问题，国家和相关部门陆续出台了一系列政策法规。

（1）通过金融手段，为企业纾困。一是通过多种金融服务手段，努力帮助住宿、餐饮、零售、文化、旅游、交通运输等受新冠疫情影响严重的行业实现信贷余额持续稳步增长。通过信贷支持、融资安排、提高不良贷款容忍度、创新信贷模式、完善考核激励机制、加强信贷管理等举措，改善受新冠疫情影响严重行业的发展状况。二是以重点行业纾困“知惠行”为主题，聚焦受新冠疫情影响较大的餐饮、文旅等重点行业中小企业和个体工商户，突出发挥商标质押的独特作用，充分利用中国银行“惠如愿·知惠贷”等普惠金融专属产品，加大服务模式创新和政策支持力度，为困难行业中小企业纾困。三是推广疫情防控保险，助力做好保市场主体保就业保民生。充分认识疫情防控保险的作用，研究制定疫情防控保险工作方案，开发完善相关险种，跟进保险推广工作。四是发挥货币政策工具的总量和结构双重功能，拓宽融资渠道，多措并举促进文化和旅游行业恢复发展。五是做好清理拖欠测绘地理信息企业账款的工作。六是积极支持符合条件的中小企业贷款延期还本付息，推动政策直达中小企业等经营主体。金融纾困方面的政策见表 1–10。

表 1–10　金融纾困方面的政策

日期	部门	政策文件名称
2022 年 6 月 2 日	中国银保监会办公厅	《关于进一步做好受疫情影响困难行业企业等金融服务的通知》
2022 年 6 月 23 日	国家知识产权局、中国银行股份有限公司	《国家知识产权局 中国银行股份有限公司关于开展商标质押助力餐饮、文旅等重点行业纾困“知惠行”专项活动的通知》

续表 1-10

日期	部门	政策文件名称
2022 年 6 月 30 日	国家发展改革委办公厅、财政部办公厅、银保监会办公厅	《关于推广疫情防控保险 助力做好保市场主体保就业保民生工作的通知》
2022 年 7 月 21 日	中国人民银行、文化和旅游部	《关于金融支持文化和旅游行业恢复发展的通知》
2022 年 8 月 8 日	自然资源部办公厅	《自然资源部办公厅关于做好清理拖欠测绘地理信息企业账款有关工作的通知》
2022 年 11 月 8 日	中国人民银行、银保监会、财政部、国家发展改革委、工业和信息化部、市场监管总局	《关于进一步加大对小微企业贷款延期还本付息支持力度的通知》

（2）通过金融手段提升中小企业发展的质量。金融手段推动中小企业高质量发展。首先制定 2022 年发展目标，中国银保监会印发《中国银保监会办公厅关于 2022 年进一步强化金融支持小微企业发展工作的通知》，从总量、结构和成本等方面制定了 2022 年工作目标。其次建立长效机制，中国人民银行印发《关于推动建立金融服务小微企业敢贷愿贷能贷会贷长效机制的通知》，从制约金融机构放贷的因素入手，按照市场化原则，进一步深化小微企业金融服务供给侧结构性改革，加快建立长效机制，着力提升金融机构服务小微企业的意愿、能力和可持续性，助力稳经营主体、稳就业创业、稳经济增长。最后，中国银保监会办公厅印发《关于进一步推动金融服务制造业高质量发展的通知》，从重点支持领域、中长期资金投向、重点企业信贷支持方向、科技攻关方向、“走出去”的金融服务等多个方面指明金融支持制造业高质量发展的方向。融资支持方面的政策见表 1-11。

表 1-11 融资支持方面的政策

日期	部门	政策文件名称
2022 年 4 月 6 日	中国银保监会	《关于 2022 年进一步强化金融支持小微企业发展工作的通知》
2022 年 5 月 26 日	中国人民银行	《关于推动建立金融服务小微企业敢贷愿贷能贷会贷长效机制的通知》
2022 年 7 月 4 日	中国银保监会	《关于进一步推动金融服务制造业高质量发展的通知》
2022 年 7 月 12 日	中国银保监会	《关于进一步加强商业银行互联网贷款业务管理 提升金融服务质效的通知》

（3）通过债券和区域股权市场等直接融资手段加强金融服务。2022 年 7 月 22 日中国证监会、国家发展改革委、全国工商联联合发布《关于推动债券市场更好支持民营企业改革发展的通知》，主要内容包括：一是通过完善融资服务、推动产品创新、鼓励金融机构增加投入等方式优化金融服务体系，促进优化民营企业融资环境；二是通过教育引导、联合奖惩、追责问责等方式规范民营企业运营，维护良好市场生态；三是建立跨部门联络协调机制，加强证监会及派出机构、发展改革部门与各级工商联在规范和服务民营企业发展等方面的合作，及时分析新情况，商议解决重大问题。

2022 年 11 月 15 日，中国证监会办公厅、工业和信息化部办公厅联合印发《关于高质量建设区域性股权市场“专精特新”专板的指导意见》，旨在推动地方政府高度重视专板建设，加大组织协调、数据共享、政策资源整合和支持力度，逐步建立起符合场外市场特点和优质中小企业需求的基础服务体系、综合金融服务体系和上市规范培育体系，促进区域性股权市场功能作用发挥，通过与其他层次资本市场的有机衔接，提升多层次资本市场服务专精特新中小企业的能力，更大力度支持中小企业高质量发展。

2. 财税支持方面

（1）减税降费力度大，效果明显。2022 年年初，党中央、国务院审时度势，作出实施新的组合式税费支持政策的重大决策，包括退还小微企业和制造业等 6 个行业增值税留抵税额，减征小微企业“六税两费”，阶段性缓缴企业基本养老保险费、失业保险费、工伤保险费政策等。2022 年 5 月 23 日，国务院常务会议部署了扎实稳住经济的一揽子政策措施，其中包括退还批发和零售业等 7 个新增行业增值税留抵税额；将中小微企业、个体工商户和 5 个特困行业缓缴养老等 3 项社保费政策延至年底，并扩围至其他特困行业；阶段性减征部分乘用车车辆购置税等税费支持政策。国务院常务会议相继部署再实施一批接续措施，包括进一步延长制造业中小微企业缓缴税费政策期限，实施支持企业创新的阶段性减税政策，对政策支持、商业化运营的个人养老金实行个人所得税优惠，居民换购住房个人所得税退税，以及缓缴水土保持补偿费、生活垃圾处理费等。

（2）财政政策的创新点。通过加大政府采购支持中小企业的力度、完善建设工程价款结算、解决应收账款拖欠、增加经营主体歇业有关涉税事项的规定等举措，对中小企业数字化转型给予资金补贴。财税支持方面的政策见表 1–12。

表 1-12 财税支持方面的政策

日期	政策文件名称	主要内容
2022 年 5 月 16 日	《关于发挥财政政策引导作用支持金融助力市场主体纾困发展的通知》	发挥政府性融资担保机构增信作用，加大创业担保贷款贴息力度，落实中央财政支持普惠金融发展示范区奖补政策，提高农业保险风险保障水平，推广地方优势特色农产品保险，强化保险、担保、信贷政策协同等
2022 年 5 月 30 日	《关于进一步加大政府采购支持中小企业力度的通知》	调整对小微企业的价格评审优惠幅度。货物服务采购项目给予小微企业的价格扣除优惠，由财库〔2020〕46 号文件规定的 6% ~ 10% 提高至 10% ~ 20%。大中型企业与小微企业组成联合体或者大中型企业向小微企业分包的，评审优惠幅度由 2% ~ 3% 提高至 4% ~ 6%。提高政府采购工程面向中小企业预留份额。400 万元以下的工程采购项目适宜由中小企业提供的，采购人应当专门面向中小企业采购。超过 400 万元的工程采购项目中适宜由中小企业提供的，在坚持公开公正、公平竞争原则和统一质量标准的前提下，2022 年下半年面向中小企业的预留份额由 30% 以上阶段性提高至 40% 以上
2022 年 6 月 14 日	《财政部 住房城乡建设部关于完善建设工程价款结算有关办法的通知》	当年开工、当年不能竣工的新开工项目可以推行过程结算。发承包双方通过合同约定，将施工过程按时间或进度节点划分施工周期，对周期内已完成且无争议的工程量（含变更、签证、索赔等）进行价款计算、确认和支付，支付金额不得超出已完工部分对应的批复概（预）算
2022 年 6 月 14 日	《国家税务总局关于简化办理市场主体歇业和注销环节涉税事项公告》	市场主体歇业期间可以享受便利化办税政策，同时依法履行纳税义务、扣缴义务。与正常经营期间相比，市场主体歇业期间在纳税申报方面适用了更为简便的政策，可以选择按次申报缴纳资源税（不含水资源税），符合条件的市场主体可以改为按季预缴申报企业所得税、个人所得税。市场主体恢复经营的，按歇业前方式办理资源税申报，可按歇业前期限或继续按季预缴申报企业所得税、个人所得税，其中歇业当年恢复经营且已调整预缴申报期的，当年不再变更
2022 年 8 月 15 日	《工业和信息化部办公厅 财政部办公厅关于开展财政支持中小企业数字化转型试点工作的通知》	从 2022 年到 2025 年，中央财政计划分三批支持地方开展中小企业数字化转型试点，提升数字化公共服务平台（含数字化转型服务商、工业互联网平台等）服务中小企业能力，打造一批小型化、快速化、轻量化、精准化的数字化系统解决方案和产品，形成一批可复制可推广的数字化转型典型模式，围绕 100 个细分行业，支持 300 个左右公共服务平台，打造 4 000 ~ 6 000 家“小灯塔”企业作为数字化转型样本，带动广大中小企业“看样学样”加快数字化转型步伐，促进专精特新发展

（3）针对中小企业的减税降费政策实施效果。2022 年全国新增减税降费及退税缓税缓费超 4.2 万亿元，主要包括三部分：一是累计退到纳税人账户的增值税留抵退税款 2.46 万亿元，超过 2021 年全年办理留抵退税规模的 3.8 倍；二是新增减税降费超 1 万亿元，其中新增减税超 8 000 亿元，新增降费超 2 000 亿元；三是办理缓税缓费超 7 500 亿元。

分行业看，制造业新增减税降费及退税缓税缓费近 1.5 万亿元，占比 35% 左右，是受益最明显的行业。同时，餐饮、零售、文化旅游、交通运输等受新冠疫情影响较重的服务业，新增减税降费及退税缓税缓费超 8 700 亿元，有力帮助经营主体渡过了难关。

分企业规模看，小微企业和个体工商户是受益主体，新增减税降费及退税缓税缓费超 1.7 万亿元，约占总规模的 40%；另外，近 80% 的个体工商户在 2022 年无需缴纳税款。

3. 营商环境方面

多措并举，优化营商环境。2022 年 9 月国务院办公厅印发的《关于进一步优化营商环境降低市场主体制度性交易成本的意见》从五个方面部署了重点任务：一是进一步破除隐性门槛，推动降低市场主体准入成本；二是进一步规范涉企收费，推动减轻市场主体经营负担；三是进一步优化涉企服务，推动降低市场主体办事成本；四是进一步加强公正监管，切实保护市场主体合法权益；五是进一步规范行政权力，切实稳定市场主体政策预期。国家发展改革委印发的《关于进一步完善政策环境加大力度支持民间投资发展的意见》共包括六个方面 21 项具体举措：一是发挥重大项目牵引和政府投资撬动作用，支持民间投资参与 102 项重大工程等项目建设，发挥政府投资引导带动作用，支持民间投资参与科技创新项目建设；二是推动民间投资项目加快实施，深化“放管服”改革，加快民间投资项目前期工作，健全完善政府守信践诺机制；三是引导民间投资高质量发展，支持制造业民间投资转型升级，鼓励民间投资更多依靠创新驱动发展，引导民间投资积极参与乡村振兴，探索开展投资项目环境、社会和治理（ESG）评价；四是鼓励民间投资以多种方式盘活存量资产，支持民间投资项目参与基础设施领域不动产投资信托基金（REITs）试点，引导民间投资积极参与盘活国有存量资产，通过盘活存量和改扩建有机结合等方式吸引民间投资，鼓励民营企业盘活自身存量资产；五是加强民间投资融资支持，加大对民间投资项目融资的政策支持，引导金融机构积极支持民间投资项目，支持民营企业创新融资方式；六是促进民间投资健康发展，深入落实降成本的各项政策，引导民间投资科学合理决策，支持民营企业加强风险防范，进一步优化民间投资社会环境，促进民间投资高质量发展。

4. 社保与就业支持方面

多措并举采取社保纾困政策。一是实施住房公积金阶段性支持政策，可通过线上平台申请缓缴住房公积金。缴存人租房提取额度有所提升，可以超过月缴存额。二是扩大阶段性缓缴社会保险费政策实施范围，在对餐饮、零售、旅游、民航、公路水路铁路运输等五个特困行业实施阶段性缓缴3项社保费政策的基础上，以产业链供应链受新冠疫情影响较大、生产经营困难的制造业企业为重点，进一步扩大实施范围。三是推进企业吸纳就业社会保险补贴“直补快办”助力稳岗扩就业。四是阶段性缓缴农民工工资保证金。人力资源和社会保障部办公厅要求施工企业阶段性缓缴农民工工资保证金，缓缴期限自2022年7月1日起至2022年9月30日止。五是阶段性缓缴职工基本医疗保险单位缴费。六是在重点工程项目中大力实施以工代赈促进当地群众就业增收。七是自2022年9月起，实施阶段性缓缴社会保险费政策实施工作。社保方面的政策见表1–13。

表1–13 社保方面的政策

日期	部门	政策文件名称
2022年5月20日	住房和城乡建设部、财政部、中国人民银行	《关于实施住房公积金阶段性支持政策的通知》
2022年5月31日	人力资源和社会保障部、国家发展改革委、财政部、税务总局	《关于扩大阶段性缓缴社会保险费政策实施范围等问题的通知》
2022年6月21日	人力资源和社会保障部、教育部、财政部	《关于推进企业吸纳就业社会保险补贴“直补快办”助力稳岗扩就业的通知》
2022年6月24日	人力资源和社会保障部	《关于阶段性缓缴农民工工资保证金有关事项的紧急通知》
2022年6月30日	国家医保局、国家发展改革委、财政部、国家税务总局	《关于阶段性缓缴职工基本医疗保险单位缴费的通知》
2022年7月5日	国务院	《国务院办公厅转发国家发展改革委关于在重点工程项目中大力实施以工代赈促进当地群众就业增收工作方案的通知》
2022年8月17日	工业和信息化部、教育部	《关于举办专精特新中小企业面向2022届高校毕业生网上招聘活动的通知》
2022年9月19日	人力资源社会保障部、国家发展改革委、财政部、国家税务总局	《关于进一步做好阶段性缓缴社会保险费政策实施工作有关问题的通知》

5. 产业政策方面

稳经济政策从纾困帮扶和转型升级两方面入手。从纾困帮扶方面来看，主要通过降成本、扩投资以及“一起益企”等帮扶企业的专项行动来解决企业的困难。从转型升级方面来看，通过优质企业梯度培育、大中小企业融通发展、数字化转型、知识产权战略、品牌建设来提升中小企业的能力和水平。

（1）采取不同手段对受新冠疫情影响的企业进行帮扶。一是差异化的政策，覆盖重点困难行业。2022 年 5 月 24 日，国务院印发《关于印发扎实稳住经济一揽子政策措施的通知》，提出六个方面 33 项具体政策措施及分工安排，为推动落实稳经济的各项工作，以此文件为统领，有关部委相继印发具体行业纾困帮扶的相关措施，如国家发展改革委等 10 部委颁布工业和服务业纾困扶持若干政策措施，文化和旅游部针对文化和旅游行业出台新冠疫情防控工作指导措施，工业和信息化部、国家发展改革委和国务院国资委联合印发《关于巩固回升向好趋势加力振作工业经济的通知》等。二是多样化的帮扶手段，企业享受政策红利。政府部门通过降成本、扩投资、专项行动等手段帮扶企业。三是中小企业成为重点关注领域，细化措施覆盖行业广。2022 年 5 月 9 日，国务院促进中小企业发展工作领导小组办公室印发《关于印发加力帮扶中小微企业纾困解难若干措施的通知》，市场监管总局、交通运输部等针对所辖行业出台了具体帮扶措施。

（2）多种手段推动企业转型升级。通过梯度培育、融通发展、数字化转型、知识产权、技术创新、品牌建设、产业集群等多种手段，助力中小企业能力提升。一是优质中小企业梯度培育。2022 年 6 月 1 日，工业和信息化部印发《优质中小企业梯度培育管理暂行办法》，强调从制度上建立由创新型中小企业、专精特新中小企业和专精特新“小巨人”企业组成的优质企业梯度培育体系，分层明确培育措施和标准。二是大中小企业融通发展。2022 年 5 月 12 日，工业和信息化部等 11 个部门联合印发的《关于开展“携手行动”促进大中小企业融通创新（2022—2025 年）的通知》要求，通过部门联动、上下推动、市场带动，促进大中小企业创新链、产业链、供应链、数据链、资金链、服务链、人才链全面融通，着力构建大中小企业相互依存、相互促进的企业发展生态，增强产业链供应链韧性和竞争力，提升产业链现代化水平。三是数字化转型。2022 年 8 月 25 日印发的《工业和信息化部办公厅关于开展中小企业数字化服务节活动的通知》为中小企业数字化转型拉开序幕。2022 年 10 月 5 日，工业和信息化部发布《中小企业数字化水平评测指标（2022 年版）》，为中小企业数字化水平制定了标准。2022 年 11 月 3 日工业和信息化部印发《中小企业数字化转型指南》，主要面向中小企业、数字化转型服务供给方和地方各级主管部门，旨在助力中小企业科学高效推进数字化转型，提升为中小企业提供数字化产品和服务的能力，为有关负责部门推进中小企业数字化转型工作提供指引。四是知识产权战略。提升知识产权创造水平、促进知识产权高效运用、加强知识产权保护、强化知识产权服务保障、加大协同推进力度等五个方面，推动知识产权助力专精特新中小企业创新发展。

（3）通过“一起益企”专项行动，推动各项政策落地。2022年5月在全国开展中小企业服务月活动，推动落实为中小企业纾困解难系列举措，推进“一起益企”中小企业服务行动、防范和化解拖欠中小企业账款专项行动、促进大中小企业融通创新“携手”行动、中小企业数字化转型行动，健全优质企业梯度培育体系，加强宣贯落实和检查评估，促进中小企业平稳健康发展。相关产业政策见表1–14。

表1–14 相关产业政策

序号	政策文件名称	文号	发布单位	发布时间
1	《国家发展改革委等部门印发〈关于促进服务业领域困难行业恢复发展的若干政策〉的通知》	发改财金〔2022〕271号	国家发展改革委等14个部门	2022年2月18日
2	《工业和信息化部办公厅关于开展“一起益企”中小企业服务行动的通知》	工信厅企业函〔2022〕58号	工业和信息化部	2022年3月24日
3	《关于开展2022年中小企业服务月活动的通知》	工信部企业函〔2022〕97号	国务院促进中小企业发展工作领导小组办公室	2022年4月29日
4	《关于印发加力帮扶中小微企业纾困解难若干措施的通知》	工信部企业函〔2022〕103号	国务院促进中小企业发展工作领导小组办公室	2022年5月9日
5	《关于开展“携手行动”促进大中小企业融通创新（2022—2025年）的通知》	工信部联企业〔2022〕54号	工业和信息化部等11个部门	2022年5月12日
6	《关于印发〈优质中小企业梯度培育管理暂行办法〉的通知》	工信部企业〔2022〕63号	工业和信息化部	2022年6月1日
7	《关于印发〈计量服务中小企业纾困解难若干措施〉的通知》	市监计量发〔2022〕51号	市场监管总局	2022年6月6日
8	《商务部等11部门办公厅关于抓好促进餐饮业恢复发展扶持政策贯彻落实工作的通知》	商办服贸函〔2022〕154号	商务部等11个部门	2022年6月14日
9	《关于开展质量基础设施助力纾困中小微企业和个体工商户专项行动的通知》	国市监质发〔2022〕62号	市场监管总局	2022年6月18日
10	《关于做好盘活存量资产扩大有效投资有关工作的通知》	发改办投资〔2022〕561号	国家发展改革委	2022年6月19日

续表 1-14

序号	政策文件名称	文号	发布单位	发布时间
11	《关于印发〈企业技术创新能力提升行动方案（2022—2023 年）〉的通知》	国科发区〔2022〕220 号	科技部、财政部	2022 年 8 月 5 日
12	《关于新时代推进品牌建设的指导意见》	发改产业〔2022〕1183 号	国家发展改革委等 7 个部门	2022 年 7 月 29 日
13	《工业和信息化部办公厅关于开展中小企业数字化服务节活动的通知》	工信厅企业函〔2022〕215 号	工业和信息化部	2022 年 8 月 25 日
14	《国家发展改革委等部门印发〈养老托育服务业纾困扶持若干政策措施〉的通知》	发改财金〔2022〕1356 号	国家发展改革委等 13 个部门	2022 年 8 月 29 日
15	《关于印发〈促进中小企业特色产业集群发展暂行办法〉的通知》	工信部企业〔2022〕119 号	工业和信息化部	2022 年 9 月 13 日
16	《交通运输部办公厅关于进一步支持公路建设领域中小企业发展的通知》	交办公路〔2022〕59 号	交通运输部	2022 年 9 月 26 日
17	《关于知识产权助力专精特新中小企业创新发展若干措施的通知》	国知发运字〔2022〕38 号	国家知识产权局、工业和信息化部	2022 年 10 月 13 日
18	《工业和信息化部办公厅关于发布中小企业数字化水平评测指标（2022 年版）的通知》	工信厅企业〔2022〕32 号	工业和信息化部	2022 年 10 月 5 日
19	《工业和信息化部办公厅关于印发中小企业数字化转型指南的通知》	工信厅信发〔2022〕33 号	工业和信息化部	2022 年 11 月 3 日
20	《关于进一步优化新冠肺炎疫情防控措施科学精准做好文化和旅游行业防控工作的通知》	文旅发电〔2022〕279 号	文化和旅游部	2022 年 11 月 15 日
21	《关于巩固回升向好趋势加力振作工业经济的通知》	工信部联运行〔2022〕160 号	工业和信息化部、国家发展改革委、国务院国资委	2022 年 11 月 21 日

6. 生态环保及双碳方面

一是提高工业能效。工业和信息化部等 6 个部门发布的《关于印发工业能效提升行动计划的通知》指出，到 2025 年，重点工业行业能效全面提升，数据中心等重点领域能效明显提升，绿色低碳能源利用比例显著提高，节能提效工艺技术装备广泛应用，标准、服务和监管体系逐步完善，钢铁、石化化工、有色金属、建材等行业重点产品能效达到国际先进水平，规模以上工业单位增加值能耗比2020年下降13.5%。能尽其用、效率至上成为经营主体和公众的共同理念和普遍要求，节能提效进一步成为绿色低碳的“第一能源”和降耗减碳的首要举措。

二是做好碳达峰碳中和工作。为贯彻落实《中共中央 国务院关于完整准确全面贯彻新发展理念做好碳达峰碳中和工作的意见》和《2030年前碳达峰行动方案》有关部署，夯实碳达峰碳中和工作基础，2022年8月19日，国家发展改革委、国家统计局、生态环境部印发了《关于加快建立统一规范的碳排放统计核算体系实施方案》（以下简称《方案》）。《方案》提出，到2023年，基本建立职责清晰、分工明确、衔接顺畅的部门协作机制，初步建成统一规范的碳排放统计核算体系。到2025年，统一规范的碳排放统计核算体系进一步完善，数据质量全面提高，为碳达峰碳中和工作提供全面、科学、可靠的数据支持。《方案》明确建立全国及地方碳排放统计核算制度、完善行业企业碳排放核算机制、建立健全重点产品碳排放核算方法、完善国家温室气体清单编制机制4项重点任务，提出夯实统计基础、建立排放因子库、应用先进技术、开展方法学研究、完善支持政策5项保障措施，并对组织协调、数据管理及成果应用提出工作要求。

第2章 中小企业数字化转型的理论逻辑

2.1 中小企业数字化转型的基础理论

2.1.1 数字化转型的定义

数字化转型是指数字化驱动导致新的业务流程和价值创造的过程。数字化转型超越了信息或工作流程的数字化，着力于实现业务的数字化，使公司在一个新型的数字化商业环境中发展出新的业务（商业模式）和新的核心竞争力。

数字化转型是建立在数字化转换和数字化升级的基础上的。其中，数字化转换是指将信息编码为数字格式，以便计算机存储并传输，主要是将现有业务流程数字化，将信息与通信技术（ICT）与现有业务集成，从而节约运营成本，但不会影响价值创造过程；数字化升级是指运用ICT或数字技术来改进现有业务流程，从而产生新的收益和价值创造的过程。

2.1.2 数字化推动企业“去规模化”

技术和经济学领域在20世纪的主导性逻辑是“更大的几乎总是更好的”，建立更大的企业、更大的医院、更大的政府等扩大规模的决策是明智的，因为这样可以充分利用传统规模经济的优势。但21世纪以来，技术和经济开始驱动一个相反的逻辑——商业和社会的“去规模化”。

“去规模化”是数字经济时代带来的最大改变。新制度经济学派认为，交易成本促使企业形成，内外部交易成本对比决定企业边界，而资产专用性、交易不确定性和交易频率决定了交易成本的大小。数字经济时代的一大特征是平台经济，数字经济的发展能够同时降低企业的内部交易成本和外部交易成本，且对外部交易成本的作用更为显著，有利于大批中小企业的形成。高科技巨头所构建的电商、社交媒体、搜索等超级平台让更大规模的外包成为可能。平台发展到极致，企业就会把所有中台和后台业务都外包出去，缩小企业的边界，让创业者只关注两件事：一是了解客户的需求，二是专注于产品和服务的研发。企业管理的财务、融资、渠道、物流、客服等其他方面，都可以交给平台去处理。平台成为好创意和好产品的孵化器和发射器，成就“去规模化”。中小企业借助平台外包等外力，极大拓展企业外延，能够与规模化制造商“一较高下”。

“去规模化”是从工业经济向数字经济转型的必由之路。无论是规模化生产还是规模化教育，本质上都是工业经济的产物，规模化生产为人们提供大批量物美价廉的商品，规模化教育为工业化生产培养出大批素质相近的人才，但这些标准化商品无法满足人们个性化、定制化的需求，这些标准化人才也无法适应数字经济的需求，因为人工智能首先替代的就是标准化的流程和工作。数字技术的发展要求人们挖掘出自己不同于机器的特质——创造性思维、处理复杂问题的能力、同理心和质疑精神等。任何企业要想在数字时代胜出，就必须努力实现多元化、差异化。比如，未来消费品的生产者需要找到喜欢自己产品的小众人群，甚至做到千人千面，私人定制；医学领域最有潜力的发展方向将会是根据每个人的基因属性和健康数据得出个性化医疗方案，而且会逐渐转向健康咨询和疾病预防。

“去规模化”也将会造就一个解放个性的时代。自由职业或跨界工作将成为常态，找到有别于机器的创造性或社交力将成为个人未来职业发展的重心。随着平台从虚拟世界渗透到实体行业，个体创业的机会越来越多，只要创业者有好的创意并能抓住明确的小众市场，创建多元化的小型企业将会变得更加容易。

“去规模化”还将带来管理创新。规模经济塑造了巨型企业，但随着企业规模的扩大，公司的管理架构和流程也越来越复杂，很多公司可能就此迷失了方向，把时间和精力浪费在流程、管理股价等无意义的事中。“去规模化”不仅驱使大企业分解成更多小团队、小单元，更敏捷地了解客户需求，洞察市场变化，像初创公司一样灵活决策，不被流程束缚，降低试错成本，而且能把大公司的规模化生产优势与小公司的持续创新结合起来。

2.2 中小企业数字化转型的价值创造

2.2.1 中小企业数字化转型的微观企业效益

在数字化转型的过程中，数字技术应用融入并改变了中小企业的价值链和价值网络，创造出新的价值，从生产渠道、交易渠道、运营渠道、客户渠道等方面帮助企业降本增效，提高生产效益。

1. 数字化转型降低了中小企业的交易成本

企业上游价值活动包括采购、运输等，数字技术能通过简化库存和供应链来提升运营效率、降低交易成本。如 EDI（电子数据交换）、自动识别等技术被广泛用于中小企业上游的采购运输环节，优化了采购和供应链管理，成为持续竞争优势的来源。沃尔玛所奉行的“低成本领先战略”能够带来持续、独特的竞争优势，离不开其高效的自动补货系统和成功建立的“点对点无缝”供应链。自动补货系统实现了出售即下单，并通过与各大供应商的战略性合作，将价值链延伸到上游，使得对成本的管控更加便捷。自动补货系统使沃尔玛无须花过多经费来维护库存，从而形成精简的供应链，用尽可能少的员工完成最多的任务，降低企业成本。此外，沃尔玛通过使用高效率的 RFID（射频识别）技术，每年可节省物流成本约 83.5 亿美元。

在企业下游环节的价值活动中，数字技术能有效缓解双方信息不对称的问题，降低由此造成的交易成本、销售成本、交易处理成本和通信成本，提高营销效率。中小企业利用大数据分析技术能清晰洞察和预测消费者需求，获得即时的环境响应能力和分析预测能力，在营销活动中挖掘、创造新价值，获得可持续竞争优势。以瑞幸咖啡为例，通过分析顾客在 App 上的咖啡偏好、顾客职业、居住区域等信息，瑞幸咖啡能够得到消费者行为习惯、个性特质、购买因素等多项结论，降低信息不对称程度，进而完善营销方案。数字技术还能改善企业 – 消费者之间的互动模式，通过提供预约购买服务来满足消费者的“智能购物”需求，VR（虚拟现实技术）等数字技术能够帮助消费者沉浸式体验产品，算法分析能够利用实时数据为消费者提供有效建议，促成买卖双方的互动交易。

2. 数字化转型提高了中小企业的运营效率

宽带、互联网、内部网等信息技术被企业广泛应用，作为一个系统或组织变化的一部分存在。与传统企业相比，运用数字技术可以降低企业的沟通成本、监管成本、搜寻成本和溯源成本。在企业部门间使用办公自动化、内部网等内部互联系统，能够加速企业内部组织沟通效率，降低信息不对称性，有效改善企业内部生产、协作等流程，从而优化其他工作流程和决策流程，提高企业运营效率。云计算和大数据分析有利于加快中小企业的决策过程，实现更快的响应时间，将组织惯性降到最低，使得企业在面对全新的、不同的市场环境时能够从容应对。

在生产流通层面，中小企业可以根据实时获取的市场信息进行生产要素的配置，合理安排生产计划，弹性释放产能，加快库存周转，缩短经营周期，提高资源配置效率，提升产品供应链的稳定性和企业整体的运营效率，帮助企业高效创收。在组织结构层面，数字化转型能够对冗余的管理部门和机构进行精简，成立独立的技术应用部门，增强企业内部各部门间的关联与互动，促使组织架构进一步扁平化，缩小不同层级、不同组织之间的信息差距，减少沟通成本和监管成本，避免管理过程中的内耗，有助于跨部门开展精细化、专业化的分工协作。

3. 数字化转型增强了中小企业的客户黏性

数字技术的运用能够增加客户的转换成本，为中小企业尽可能地留存客户，持续创造价值。一方面，数字化转型能够使得中小企业更好地优化产品，从而锁定客户。已进行数字化转型的中小企业可以通过大数据分析精确得到客户偏好、需求等信息，提供更合适的产品，比如购物软件不断更新商品推送页面。另一方面，互联网、集群技术的应用能够帮助企业获得网络外部性，实现价值链参与者（例如客户和生产者、供应商和生产者）之间的直接交流，价值链参与者之间的耦合得到加强，吸引更多的用户和供应商进入系统，形成正反馈的网络效应。特别地，由于数字网络的存在，具有潜在竞争的组织之间为了客户利益建立了复杂的网络关系，他们和消费者一起在价值网络中成为价值的共同创造者，这种共创的独特价值也提高了客户的转换成本。

此外，客户黏性的增加对于提高企业收益、促进公司成长、提高企业声誉及增强竞争优势等具有积极作用。客户留存作用于价值网络的“最终顾客”环节，能够产生一定的“口碑效应”，美化中小企业声誉，促进消费端的繁荣。在线社区能够增加用户的归属感，激励他们开设高级账户并购买增值服务。在数字网络关系中，中小企业不仅可以密切与客户和业务合作伙伴的联系，而且能够增强与其他客户和供应商之间的联系，在增强忠诚度的同时进行价值共创，推动企业成长。

4. 数字化转型改善了中小企业的人力资本

及时有效地解决数字技术与劳动者技能的错配问题，提高劳动力质量，优化劳动力结构，是中小企业数字化转型成功、充分利用数字技术赋能生产的关键。当数字技术与高技能劳动力结合时，意味着数字技术被劳动者掌握和运用，变成实际的劳动技能和技巧，劳动者的综合素质显著改善，有效提高了劳动者的生产效率。依托于数字技术，企业可以通过虚实结合的方式培训员工，在虚拟环境中进行模拟操作训练，提高劳动者的专业性和技能的熟练程度，降低生产流程中出现差错、延误生产的可能，对劳动力进行高质量的培训，提高人力资本水平。从劳动力结构优化的视角来看，高技术劳动力在数据分析、深度学习以及解决新问题等方面具有优势，市场对高技术劳动力的需求日益增加，通过引进具备掌握数字技术的专业人才，不断完善企业内部劳动力市场结构，可以为进一步提升效率和产能提供保障。

5. 数字化转型推动了中小企业的持续创新

一方面，ICT 的使用能够实现信息的快速搜索和访问，并支持员工之间的沟通协作，高效的沟通协作能够推动员工进行知识共享，分享新想法、开发新机会，从而促进创新活动。另一方面，中小企业通过丰富、海量的开放数据，能够更加充分地了解消费群体的意图、动态和潜在模式，捕获目标用户的消费行为与意图，根据不同消费群体差异化、个性化的数据信息，提供真正符合消费者需求的产品与服务，为企业的研发创新指明了方向。为了满足顾客的多元化需求，抢占更多的市场份额，企业需要同时强化横向和纵向的创新能力，在丰富产品类型的同时，优化产品质量，让模块化、柔性化的生产模式逐步替代原有的单一性、批量化的生产模式。

此外，数字技术的虚拟呈现和模拟训练，允许中小企业以较低的成本对创新成果进行反复试验，为将研发成果高效转化为切实生产力提供了可能。在现实工业场景中，3D 设计和虚拟装配等数字孪生技术已具备模拟产品从生产到应用的各个阶段的能力，允许企业在不同极端情境下对新的生产方案进行科学合理的评估。数字孪生技术结合了 3D 计算机辅助设计和模拟软件等技术，在产品研发和生产的各个阶段、各个环节都可以模拟呈现出企业所需的真实环境和情景，以便检验研发项目是否存在问题或缺陷，评估整个研发方案的安全性和可行性，有效降低创新的风险性和不确定性，从而保证在项目投入生产后能够顺利高效地推进。数字孪生技术最大限度地降低了试错成本，提高了企业对创新失败风险的承受能力。在数字化技术的支持下，中小企业可以大胆地进行创新，将前沿的技术和理念运用到新产品中，而不必担心产品更新失败所带来的风险。这激励着企业不断改进技术、提高效率，增强核心竞争力。

2.2.2　中小企业数字化转型的宏观经济效益

1. 数字化转型推动社会技术进步

中小企业是我国科技自立自强的主体力量，相较于大型企业，中小企业的业务较为单一专注，同时在创新上更加灵活，也更加重视科研成果的落地转化。随着数字化的不断推进，企业和产业都将经历解构和重构的过程，企业性质将发生重大变化。数字技术在改善个人生活质量方面具有巨大潜力。数字技术对贫困地区和资源匮乏地区有着显著的好处，例如在医疗行业比较有名的阿斯利康，在数字化医疗创新方面积极打造健康新生态，通过数字化提高医疗的可及性，让患者能够随时随地感受到专业、个性化的医疗服务。提前网上预约挂号、网上问诊等服务，极大提高了医疗可及性和患者的服务体验。很多慢性疾病、终身疾病是需要全病程关注的，但由于很多患者缺乏医疗知识，病症在早期很难被发现，延误了病情。阿斯利康正在努力打造并推广更多的针对患者诊断、治疗、随访的全病程解决方案。

2. 数字化转型拉动国民经济增长

中国信息通信研究院统计数据显示，2020 年我国产业数字化占数字经济的比重为 80.9%，总体依然保持高速增长，甚至远高于同期名义 GDP 的增速。数字化转型的创新成果能够被应用于经济社会生活，间接创造广泛的价值，表现出一定程度的溢出效应。再如各地不断搭建“北京通”“晋来办”“天府通办”等政务服务 App，逐步实现了“一网通办”“跨省通办”“最多跑一次”等，能够提升居民和企业的办事速度，提高经济运行效率。

3. 数字化转型助力高质量新发展

中小企业在我国经济社会发展中扮演着重要角色，是高质量发展的重要动力源泉，也是新发展格局的关键稳定器。数字化转型可以引导企业聚焦细分市场，通过产业分工、利润分层获得在本行业领域内的相对优势地位，培育独特的竞争力和专业性。数字化转型还可以带动整体产业健康发展，转变经济结构，构建未来产业生态布局，为高质量发展注入强劲动力，解决以往片面注重企业规模扩张和增长速度的粗放式发展问题。

2.3 中小企业数字化转型的常见问题

2.3.1 数字化转型的“不会转”

我国中小企业大多处于初创阶段，企业领导层的战略意识和管理水平相对落后，对数字技术及数字化转型等概念不甚了解，对数字化转型的重视程度不足。对全国 813 家中小企业数字化转型情况的问卷调研结果显示，超过半数的中小企业尚未进行数字化转型，其中，20.98% 的中小企业对数字化转型完全不了解，29.26% 的中小企业略微了解且有进行数字化转型的意愿，但暂时没有进行数字化转型，仅有 4.39% 的中小企业基本完成了数字化转型，表明中小企业对数字化转型的认识和转型动力不足。即使企业领导层有志于在企业内部推行数字化转型，但在转型方向上大多仅关注技术应用，未能进行企业内部的组织结构、战略、文化等方面的匹配，而这些企业内部因素的转变才是决定数字化转型能否提升企业绩效的关键。大多数中小企业的数字化转型仅停留在初级阶段，包括人事、办公和行政的数字化，并未对企业的业务流程、生产方式等关键环节进行改变，数字基础设施建设和数字化进程的推进水平较低。此外，中小企业的数字化人才的储备水平较低，在一定程度上也限制了企业的数字化转型进程。

2.3.2　数字化转型的“不能转”

数字化转型是一项长期任务，企业进行充分转型需要一定的利润空间和转换时间。相比大型企业，中小企业受到盈利水平和企业规模的限制，利润空间较小，自身“造血”机能偏弱，同时中小企业更难获得银行贷款，外部“输血”机制滞后，可用资金有限。面对技术吸收转化、数字设备购置等高昂的转型成本，多数中小企业往往表现得力不从心。数字技术的发展还助推了独角兽企业的诞生，这些快速成长的企业给传统企业的数字化转型带来巨大的时间压力，很多中小企业还没意识到需要转型，就被市场淘汰了。

2.3.3　数字化转型的“不敢转”

中小企业数字化转型见效慢、周期长、投入高，数字化转型需要打破原有的老旧系统和业务流程，改变传统的管理制度，是一项高风险、高收益的决策事项。当前，我国发展进入战略机遇和风险挑战并存、不确定难预料因素增多的时期，经济的整体波动性增强，而中小企业的抗风险能力相对较弱，短期经营的优先事项是生存至上，所以往往在数字化转型方面的投入支出更加谨慎，在一定程度上造成了中小企业的“不敢转”。

2.4　中小企业数字化转型的必要准备

2.4.1　构建多元协同的中小企业数字化转型体系

政府应当做好企业数字化转型的顶层设计，为中小企业数字化转型提供政策优惠，根据实际需求出台符合不同领域、不同行业、不同地区的中小企业数字化转型的扶持措施，缩小企业间的“数字鸿沟”。互联网科技公司等数字化服务商应积极主动为中小企业提供技术支持，引导企业将传统业务向云端迁移，助力企业探索数字赋能经营模式转型升级的路径，培育中小企业数字化服务平台。专业化市场提出转型需求，搭建下沉市场的中小企业数字化转型平台，加快行业大数据平台建设，完善企业数据共享机制，促进中小企业的数智化改造。政府、数字化服务商和专业化市场三方形成合力，为中小企业数字化转型赋能，在全国范围内建立具有层次性、专业性、互补性的数字化转型促进中心网络体系，实现技术、人才、资金的汇聚对接，由中央和地方政府引导各地根据产业、行业发展特点建设数字化转型促进中心，让促进中心发挥政府、数字化服务商与中小企业之间的桥梁的作用，为中小企业提供数字化转型规划咨询、示范、评估、政策解读、培训指导等服务。

2.4.2 培育与数字化相适应的企业环境

很多管理者表示人才、企业文化、组织架构和管理理念等“软实力”才是数字化转型中最关键的部分，组织惯性是数字化转型最主要的障碍之一，员工在组织引入破坏性技术时可能会表现出抵制感，老牌企业可能满足于现有的客户、供应商关系以及业务流程，虽然其建立的生产流程可能已经高度优化，但往往是僵化的，并且依赖于无法轻易重新配置的资源。不论是有形资产还是无形资产，都牢牢地嵌入日常实践中，在一定程度上扼杀了数字技术的创新性和革命性。这些组织惯性的产物会对数字技术创新产生约束，影响企业的数字化转型进程。中小企业应当主动建设“数字文化”，积极承担数字化转型的风险，让员工充分了解数字技术的潜在利益，化抗拒为助力。在组织结构上，企业可以创建一个独立的部门牵头数字化转型工作，在保持一定灵活性的基础上与其他部门合作创新，或创建一个跨职能团队帮助企业进行数字化转型，确保数字技术的正确使用并使其与组织的目标战略保持一致。

2.4.3 重视数字化人力资本积累

企业数字化转型并没有消除组织对人力资本的依赖，反而要求员工具备数字技术的相关理论基础和实践技能，更多地依靠其分析技能来解决日益复杂的业务问题。组织文化、组织结构和领导者数字战略的变化对员工的技能提出了更高的要求，聘请精通数字技术的领导者、培养员工数字化能力是数字化转型的关键。一方面，中小企业应加强数字人才队伍建设，从外部引进高素质数字化人才，在内部培育员工的信息化素养和数字化能力，通过开展数字化培训向员工普及数字化转型概念，对企业管理者进行数字化转型先进理念的培训，强化中小企业数字化转型的意识，形成一支高精尖的数字化人才队伍。另一方面，中小企业应不断完善人才管理制度，构建有效的激励机制，充分调动数字化人才的积极性和创新活力。

第 3 章

中小企业数字化现状

数字经济对中国整体经济发展至关重要。从宏观经济数据看，2021 年，我国数字经济规模达到 45.5 万亿元，占 GDP 的比重为 39.8%。从微观企业发展看，在宏观经济形势和新冠疫情等外部环境因素的作用下，传统企业经营管理模式痛点暴露，远程协同、数字化制造、线上营销等客观发展需求被充分激发。在生存发展的压力下，中小企业不得不进行数字化转型。同时，数字化也是企业的内生发展需求，通过深化数字技术在中小企业研发设计、生产制造、仓储物流、营销服务等环节的融合应用，中小企业可以优化经营管理效率，提升产品服务质量，增强自身核心竞争力和发展韧性。

国家对数字经济发展给予高度重视。2021 年 3 月发布的《中华人民共和国国民经济和社会发展第十四个五年规划和 2035 年远景目标纲要》提出“打造数字经济新优势”，强调“充分发挥海量数据和丰富应用场景优势，促进数字技术与实体经济深度融合，赋能传统产业转型升级，催生新产业新业态新模式”。近年来，互联网、大数据、云计算、人工智能、区块链等技术加速创新，日益融入经济社会发展各领域全过程，数字经济发展速度之快、辐射范围之广、影响程度之深前所未有，正在成为重组全球要素资源、重塑全球经济结构、改变全球竞争格局的关键力量。

3.1 中小企业数字化基本情况

3.1.1 数字化赋能中小企业政策支持不断加强

2016 年 12 月，工业和信息化部、财政部联合印发《智能制造发展规划（2016—2020 年）》，指出要促进中小企业智能化改造，推广适合中小企业发展需求的信息化产品和服务。

2019年4月，中共中央办公厅和国务院办公厅印发了《关于促进中小企业健康发展的指导意见》，指出要发展“互联网+中小企业”。2020年3月，工业和信息化部印发《中小企业数字化赋能专项行动方案》，明确指出要推动中小企业实现数字化管理和运营，提升智能制造和“上云”“用云”水平，促进产业集群数字化发展。2020年5月，国家发展改革委等相关部门联合启动“数字化转型伙伴行动倡议”，鼓励政府和社会各界携手推动中小企业数字化转型，深化普惠性“上云用数赋智”，激发企业数字化转型内生动力。

3.1.2 数字经济总体规模持续快速扩大

2022年7月，国家互联网信息办公室发布了《数字中国发展报告（2021年）》，该报告显示，2017—2021年，我国的数字经济规模从27.2万亿元增至45.5万亿元，总量稳居世界第二位，年均复合增长率达13.6%，占国内生产总值的比重从32.9%提升至39.8%。中国信息通信研究院数据显示，2015—2020年，我国数字经济增速分别为15.8%、18.9%、20.3%、20.9%、15.6%、9.7%，同期GDP增速分别为7.0%、6.8%、6.9%、6.7%、6.0%、2.2%，数字经济增速均显著高于同期GDP增速。

3.1.3 中小企业数字化投入持续增加且成效初显

企业数字化转型投入持续快速增长。通过对山东、江苏、湖南、广东和重庆等地区近千家中小企业数字化开展情况调研，发现处于探索起步阶段的中小企业占比为39.33%，处于践行实施阶段的企业占比为51.46%，深度应用阶段的企业占比为9.21%。从中小企业数字化转型投入资金占营业收入的比重来看，2018年，在被调研的企业中有5%的企业投入资金占比高于10%，7%的企业投入资金占比为5%～10%，14%的企业投入资金占比为3%～5%，累计有26%的企业投入资金占比超过3%；2019年，有8%的企业投入资金占比高于10%，8%的企业投入资金占比为5%～10%，18%的企业投入资金占比为3%～5%，累计有34%的企业投入资金占比超过3%；2020年，有11%的企业投入资金占比高于10%，12%的企业投入资金占比为5%～10%，20%的企业投入资金占比为3%～5%，累计有43%的企业投入资金占比超过3%；2021年，有11%的企业投入资金占比高于10%，12%的企业投入资金占比为5%～10%，20%的企业投入资金占比为3%～5%，累计有43%的企业投入资金占比超过3%。2018—2020年，中小企业数字化转型资金投入占比快速提高。从中小企业数字化转型资金的绝对投入来看，2018 年有 12% 的企业投入资金为 50 万 ~ 100 万元，14% 的企业投入资金为 100 万 ~ 500 万元，5% 的企业投入资金为 500 万 ~ 1 000 万元，6% 的企业投入资金在 1 000 万元以上，累计有 37% 的企业投入资金超过 50 万元；2019 年有 13% 的企业投入资金为 50 万 ~ 100 万元，19% 的企业投入资金为 100 万 ~ 500 万元，6% 的企业投入资金为 500 万 ~ 1 000 万元，7% 的企业投入资金在 1 000 万元以上，累计有 45% 的企业投入资金超过 50 万元；2020 年有 14% 的企业投入资金为 50 万 ~ 100 万元，23% 的企业投入资金为 100 万 ~ 500 万元，6% 的企业投入资金为 500 万 ~ 1 000 万元，10% 的企业投入资金在 1 000 万元以上，累计有 52% 的企业投入资金超过 50 万元。2018—2020 年，中小企业数字化转型资金绝对投入快速增长。从投入资金结构来看，有 40.49% 的资金用于软件服务购买，28.53% 的资金用于硬件产品购买，17.33% 的资金用于系统运维，13.65% 的资金用于解决方案购买。中小企业数字化转型投入主要集中于软件服务和硬件产品，在购买解决方案方面的投入较少，具有较大提升空间。2022 年中国数字化转型支出为 21 876 亿元，预计未来五年平均增速可达 18.8%。

企业数字化的经济效益凸显。据中国邮政储蓄银行 2023 年初对 2 627 家中小企业的联合问卷调查数据显示，属于狭义数字产业的中小企业 2021 年平均营业收入为 3 600 万元，2022 年平均营业收入为 4 250 万元，同比增长 18.1%；2021 年平均利润总额为 325 万元，2022 年平均利润总额为 360 万元，同比增长 10.8%。属于广义数字产业的中小企业 2021 年平均营业收入为 558 万元，2022 年平均营业收入为 700 万元，同比增长 25.4%；2021 年平均利润总额为 90 万元，2022 年平均利润总额为 100 万元，同比增长 11.1%。属于非数字经济行业的中小企业 2021 年平均营业收入为 1 000 万元，2022 年平均营业收入为 1 000 万元，同比没有增长；2021 年平均利润总额为 100 万元，2022 年利润总额为 100 万元，同比没有增长。广义数字经济中小企业研发强度较高，大部分受访的广义数字产业的中小企业 2022 年研发支出在 30 万元左右，同比增长 33.3%，研发强度为 4.3%，明显高于其他行业中小企业研发强度。

企业要素投入持续增加，使得数据要素潜能逐步释放，企业转型成效逐步显现。调查显示，35.7% 的受访中小企业使用了大数据技术，20.3% 使用了人工智能技术，17.04% 使用了云计算和云存储，15.41% 使用了物联网。企业数字化、智能化潜能被激发，数据管理、设备管理、协作配套、资源对接、资源融通能力显著增强。

3.1.4 中小企业数字化配套服务体系逐步完善

政府、市场和相关服务企业聚焦中小企业转型需求持续提升产品服务水平。

工业和信息化部 2021 年 3 月印发的《“双千兆”网络协同发展行动计划（2021—2023 年）》指出，推动企业降低中小企业宽带和专线平均资费，2021 年再降 10%，持续降低中小企业用网用云成本。工业和信息化部连续 15 年实施中小企业信息化推进工程，将推动中小企业信息化工作与工业互联网创新发展工程、人工智能赋能中小企业等行动相结合，结合培育专精特新“小巨人”企业、小微企业创业创新示范基地、中小企业公共服务示范平台，推动提升相关企业、基地、平台的信息化应用和服务水平。网络基础设施及应用的加快推进为中小企业数字化转型打下了坚实的基础，各项推动工作形成合力，为中小企业信息化发展提供了新的引擎。

互联网平台企业发挥技术和生态双重优势，帮助中小企业纵向连接人力、设备、数字应用，横向连接产业链上下游的大中小企业。低代码服务商聚焦中小企业需求个性化强、定制开发成本高、传统开发周期长的痛点，以重点场景为切入点打造数字化解决方案，通过线上线下培训将低代码技能传递给技术人员和业务人员，为企业数字化技术赋能。

工业互联网平台发展基于真实经营管理数据的供应链金融新模式，利用仓单、订单、库存、应收款项等数据盘活商业信用，解决中小企业资金适配性问题，为供应链赋能。

互联网平台、工业互联网平台、数字化转型服务商等市场化服务供给方和中小企业数字化转型公共服务机构通过系统梳理不同成长阶段的中小企业的数字化转型需求，提供转型咨询、资金融通、人才培训、资源对接等服务，推动技术、资金、人才、知识、订单等资源汇聚共享，为整个产业生态系统赋能。

3.1.5 中小企业管理层普遍对数字化持积极态度

深圳市腾讯计算机系统有限公司（以下简称“腾讯”）于 2022 年对来自全国各地近 70 家中小企业的高层管理者进行的问卷调查和访谈发现，尽管中小企业普遍收入不高，且利润率与大型企业相比处于较低水平，但中小企业整体对数字化转型的态度十分积极。在接受调查的企业当中，有近三分之一的企业营业收入在过去五年间复合增长率低于 5%，甚至有企业出现了营业收入的负增长，同时，有近 6 成企业的利润率不足 10%。尽管收入不高，但有近 70% 的企业表示愿意为数字化转型承担成本，甚至有企业表示数字化转型的成本占公司全部成本的比重可以高于20%。超过30%的企业领导表示非常认可数字化转型，有15%的企业已经为自己的企业制定了专门的数字化转型战略。

中小企业领导对数字化转型抱有极大热情的原因主要有两点。一是来自外界的影响，企业所在地政府一方面为中小企业开设数字化转型促进中心或服务平台，另一方面通过组织数字化转型经验交流活动推广成功经验。在政府、舆论的影响下，很多中小企业领导已经在主观上充分意识到了数字化转型的重要性，认为这是非做不可的事情，否则将很难获得进一步的发展。二是部分中小企业在实际经营中，已经到了不得不对部分业务环节进行数字化改造的阶段。例如，个别中小企业的上下游客户为大型制造业企业，为了配合客户的数字化供应链管理需求，不得不对自身的生产和物流进行数字化改造。部分制造业零部件供应商在上游或者下游大型制造企业的帮助下，成功实现了智慧化的供应链管理和智能制造。

3.1.6 中小企业之间数字化水平差异较大

腾讯2022年调查显示，近80%的企业的数字化转型依然处于基础探索期和简单操作期，19%的企业处于复杂应用期，仅1.6%的企业处于全面实践期。

企业的数字化转型进程在不同规模、不同发展阶段以及不同行业的企业中存在明显的差异。分规模来看，中型企业的数字化转型进程明显要快于小微企业。相较于小微企业，中型企业在资金、人才等方面更具优势，在数字化转型方面走在前列。分发展阶段来看，成长期企业的数字化转型进程较快。一方面，成长期企业已经初具发展规模，有一定的资金积累。另一方面，相对于成熟期企业，成长期企业的战略转型比较灵活，因此成长期企业数字化转型步伐更快。

企业所处的行业与企业的数字化转型进程呈现出一定的相关性。高新技术企业由于本身所处行业的特性，对先进理念和技术的接触较多，普遍处于较高水平的数字化转型进程之中。企业的行业特性决定了企业在不同转型环节的优势。对于制造行业来说，高新技术企业的数字化转型相对来说比较均衡，在每一个环节上的得分比较接近，且转型进程要快于传统行业。由于高新技术企业的特性，其进行数字化转型的氛围要明显高于传统企业，在原料采购、产品营销、基础设施等方面表现出明显的领先趋势。而对于传统制造企业来说，由于本身产品的技术含量较低，因此在生产流程和供应链管理中并未积极推进数字化转型，但比较注意在产品的设计和营销过程中更多地使用数字化转型工具。对于服务业来说，高新技术企业和非高新技术企业在每个环节都表现出了非常大的差异性，尤其是在新服务产品的开发过程中。非高新技术企业认为自身所在行业已经定型，并没有很大的动力去开发新的产品。而高新技术企业在研发设计、售后服务和企业文化方面的数字化转型进程都较快。

3.2 中小企业数字化转型存在的困难

3.2.1 概念认知片面

数字化转型是一个全流程的概念，其核心价值在于用数据打通经营管理的全部环节。但是根据腾讯的调查结果，多数中小企业几乎没有全流程的数字化转型理念，大多数中小企业的数字化转型都停留在简单软硬件工具的使用或设备联网阶段，并没有在业务流程或运营管理的每一个环节做到高度整合和集成化的数字化转型，也没有让每一个环节所产生的数据发挥出最大效能。例如，在研发过程中使用数字化建模、仿真等数字化工具的企业比例接近 50%，但只有不到 20% 的企业实现了对研发设计全过程的数字化管理，有 35% 的企业在供应链环节的数字化只停留在对原材料和零部件进行数字化监控，生产的数字化则最多表现为采用数字化生产设备，但很少有企业实现了生产全流程的信息跟踪和管控。在营销环节，有 45% 的企业实现了销售的数字化管理，但只有不到 20% 的企业能够借助数字化手段对目标客群进行分析。在售后服务环节，尽管有超过 30% 的企业使用 CRM（客户关系管理）软件管理客户，但过半数企业尚未在售后服务中使用任何数字化手段。除了在业务流程环节数字化转型片面，调查发现企业对于业务流程与运营管理的数字化衔接方面的意识也比较薄弱，只有 20% 的企业投入使用了 ERP 管理软件，而实现业务流程与财务数字化衔接的企业不到 15%。

3.2.2 技术门槛高

中小企业普遍数字化水平不高，已开展数字化转型的中小企业大多处在“上云”阶段，对数据缺乏有效采集，数据分析水平也难以满足深度应用需求。目前市场上的数字化转型改造服务大多是提供通用型解决方案，而处于数字化转型不同阶段的中小企业转型投入侧重点不同，通用型解决方案无法满足中小企业的个性化需求。从数字化转型相关指标来看，被调研的中小企业的数字化设备连接率、信息系统覆盖率和设备联网率均具有较高提升空间，超过 60% 的中小企业数字化设备连接率低于 40%，近 50% 的中小企业信息系统覆盖率低于 40%、设备联网率低于 40%。

由于缺乏对数字化转型概念的准确、全面理解，直接影响了企业对工具的选择和使用，对数字化转型工具的选择非常单一。数字化转型工具既包括传统的 IT 软硬件，也包括与最新数字化技术相匹配的软硬件（如与大数据分析相关的软件和传感器），还包括“云”等多元化的工具。“十四五”规划提出实施“上云用数赋智”行动，推动数据赋能全产业链协同转型。“上云”对于企业的数字化转型来说，是最基本的工具。但是调查发现，多数中小企业的转型工具只停留在单纯的软硬件应用阶段，对“上云”等新型工具并不了解或是重视程度很低，对有些高效低价的工具完全不了解，这也导致了企业的数字化开支结构不合理。一方面，中小企业的数字化基础设施支出大部分都集中在网络和硬件方面，留给“云”的预算支出占比较低。另一方面，企业对数字化转型过程中的数据安全保障工具没有给予足够的重视。开始数字化转型后，安全主体从以人为中心转为以产业为中心，安全形态从以合规为导向的安全集成转为数字资产的原生安全，安全思维也要从被动防御转为主动规划。

3.2.3　人才、资金匮乏

大部分中小企业尚未建立数字化人才培养体系，在生产、营销、运营、管理等环节缺乏数字化人才的支撑。中小企业规模小，市场占有率低，在市场竞争中处于弱势地位，在人才招聘方面不具有吸引力，薪资报酬与大型企业相比偏低，缺乏科学的人才培养规划，优秀员工的发展空间有限，造成人才引不来、留不住、储备少。受访企业中，有超过 75% 的中小企业数字化人才占比低于 20%。很多企业领导表示很难顺利找到与自己公司数字化转型相适应的人才。一方面是因为成本预算的限制，另一方面是由于数字化转型属于新的科技领域，中小企业对于人才的吸引力要明显弱于大型企业。在访谈中有企业表示，现有员工文化程度偏低，对新鲜事物的接受速度较慢，但是又招不到合适的人才，因此导致企业的数字化转型进程较慢。

资金短缺是中小企业进行数字化转型的另一大阻碍。中小企业进行数字化转型的周期较长，而面向中小企业的数字化转型服务尚处于初期阶段，各企业实际开展数字化转型的摸索期和阵痛期也较为漫长。中小企业缺乏融资渠道，融资成本高、融资风险评估标准严，获得外部资金支持较困难。数字化改造见效慢、风险高，在生产经营压力大、资金有限的情况下，中小企业面对技术创新显得心有余而力不足。调查发现，大多数中小企业所在地政府为中小企业提供的财政支持主要表现在税费的减免上，缺乏类似于专项基金式的直接资金支持。有六成的企业表示所在地没有专门支持中小企业数字化转型的融资平台或融资通道，而在其余四成表示存在融资支持通道的企业中，又有六成企业表示这些通道并不能解决企业缺少数字化转型资金的问题。在访谈中，有很多企业表示希望政府能够提供更加直接、更加容易落地的资金支持。

中小企业数字化转型缺少社会力量的支持。在调查中，不少企业表示已经针对数字化转型制定了专门的战略，甚至聘请了专门的咨询专家来帮助公司制定中长期的数字化转型战略，但这些战略在企业数字化转型的实操过程中所具有的指导意义不强，希望未来能够通过合理的产学研融合的方式，得到更多社会力量的帮助。

3.2.4 转型收益感缺失

大多数被调查企业都处于成长期，这些企业不仅重视成本收益比率，而且十分重视对新市场的开拓。由于缺乏对数字化转型概念的全面理解、缺乏好的数字化转型落地工具，企业并没有感知到数字化转型真正能够带来的好处，因此在推进数字化转型过程中不够积极。在参与调查的企业中，只有11%的企业表示自己公司采用数字化手段生产的产品占全部产品的比重超过了50%。对于中小企业来说，任何决策失误都有可能带来倒闭的风险，由于感知不到具体的收益，因此不敢大张旗鼓地推动数字化转型。由于对智能制造的广泛宣传，多数企业尝试着在部分生产线施行数字化改造，并且高度认可数字化转型在提升生产效率方面的积极作用，但是企业对于除生产环节之外的其他环节的数字化转型能够带来的收益持不确定态度。尽管一些企业认为公司收入提升、研发周期缩短、客户增加、客户满意度提升与数字化有关系，但是在访谈中，很多企业领导表示自己不确定这些成果是否来自数字化转型。正是因为众多中小企业领导已经充分认识到智能制造，也就是生产的数字化转型，可以为企业带来效率提升，因此，对于“对比数字化转型前后，贵公司感受到的最大好处是什么”这一问题，选择“效率的提升和成本的下降”这一选项的最多。

很多企业家表示非常希望能够看到有关数字化转型的清晰的成本收益分析。比如在每一个环节，究竟需要投入多少成本，带来多少收益，所有的环节如果联动起来，又会有怎样的积极效应。如果有类似于财务报表一般的清晰的成本收益分析，就可以更加坚决和大胆地去推进公司的数字化转型。当前企业在自主开展数字化转型的成本收益分析时，主要困难是对数字化投资的预算和风险评估能力不足，对推动数字化投资的回报周期和效果缺少认知和信心。

3.3　专精特新中小企业的数字化进展领先

专精特新中小企业作为中小企业中的领头羊，在数字化方面也走在了前列。中国工业互联网研究院 2022 年进行了一项对 684 家中小企业的调研，其中有 42 家为国家级专精特新“小巨人”企业，95 家为省级专精特新中小企业，共计 137 家，占比为 20.03%。在被调研的企业中，国家级专精特新“小巨人”企业中有 76.19% 的企业数字化转型处于实施或深度应用阶段，省级专精特新中小企业中这一比例为 68.42%，市级专精特新中小企业及未被认定企业中这一比例为 58.14%，国家级制造业单项冠军、省级制造业单项冠军及剩余企业的这一比例分别为 81.25%、63.33%、59.29%。可以看出，国家级制造业单项冠军数字化总体水平高于国家级专精特新“小巨人”企业。

3.3.1　多重政策利好支持专精特新中小企业数字化

从政策支持保障来看，多重政策利好“精准滴灌”，专精特新中小企业迎来重大发展机遇期。2021 年 1 月，财政部与工业和信息化部联合印发《关于支持“专精特新”中小企业高质量发展的通知》，指出要促进数字化网络化智能化改造，业务系统向云端迁移，并通过工业设计促进提品质和创品牌。2021 年 11 月，国务院促进中小企业发展工作领导小组办公室印发《为“专精特新”中小企业办实事清单》，从十个方面提出 31 项具体举措，其中包括推动数字化转型，打造一批数字化标杆企业，组织工业互联网平台和数字化转型服务商为中小企业提供数字化转型诊断服务和解决方案。组织开展智能制造进园区活动，面向专精特新中小企业开展标准宣贯、现场诊断和供需对接活动。各地积极出台支持包括专精特新中小企业在内的中小企业数字化转型支持政策。山东省工业和信息化厅于 2022 年 1 月发布《山东省“专精特新”中小企业培育方案》，为专精特新中小企业数字化设定量化目标，指出到 2025 年，省级专精特新中小企业数字化改造率达到 80% 以上，国家级专精特新“小巨人”企业全面实现数字化改造，专精特新中小企业数字化应用率和业务系统向云端迁移率达到 80% 以上。

3.3.2　专精特新中小企业转型成效初显

中国工业互联网研究院调查显示，约七成的被调研专精特新中小企业已迈入践行实施阶段

（56.93%）和深度应用阶段（13.87%），而未被认定为专精特新的中小企业两者比例之和不到60%。13.87% 的专精特新中小企业处于深度应用阶段，约为未被认定为专精特新的中小企业的 1.73 倍，未被认定为专精特新的中小企业中处于深度应用阶段的比例为 8.04%（见图 3–1）。整体来看，专精特新中小企业数字化转型程度较未被认定为专精特新的中小企业转型更加深入，处于中小企业数字化转型的领军梯队。

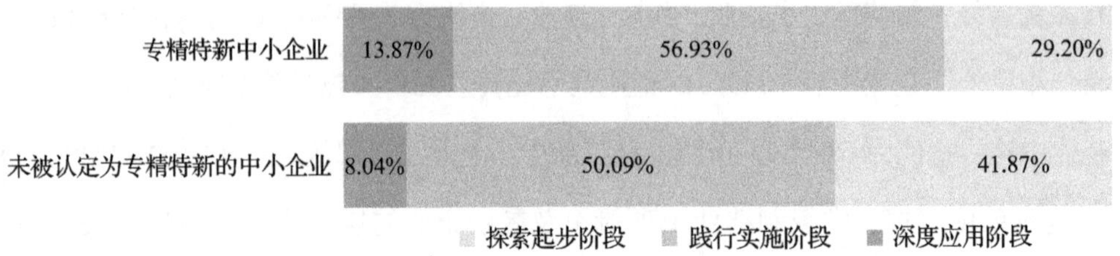

图 3–1 数字化转型梯队分布对比分析

3.3.3 中小企业数字化转型基础薄弱，专精特新中小企业整体高于平均水平

中小企业整体数字化转型基础薄弱。从数字化转型相关指标来看，中小企业数字化装备占比、设备联网率、信息系统覆盖率均有较大提升空间。从数字化装备占比来看，40.79% 的被调研中小企业数字化装备率在 0 ~ 20% 之间，超过 60% 的被调研中小企业的数字化装备占比低于 40%；从设备联网率来看，25.73% 的被调研中小企业设备联网率在 0 ~ 20% 之间，21.05% 的被调研中小企业在 20% ~ 40% 之间，近一半的被调研中小企业设备联网率低于40%；从信息系统覆盖率来看，31.58% 的被调研中小企业信息系统覆盖率在 0 ~ 20% 之间，18.42% 的被调研中小企业信息系统覆盖率在 20% ~ 40% 之间，50% 的被调研中小企业信息系统覆盖率低于 40%（见图 3–2）。

28.70% 的未被认定为专精特新的中小企业的信息系统覆盖率在 0 ~ 20% 之间，专精特新中小企业该比例则为 13.87%，约为前者的一半。在数字化装备占比方面，43.51% 的未被认定为专精特新的中小企业数字化装备占比在 0 ~ 20% 之间，专精特新中小企业的数字化装备占比为 29.93%。在设备联网率方面，34.37% 的未被认定为专精特新的中小企业设备联网率在 0 ~ 20% 之间，专精特新中小企业该比例为 20.44%（见图 3–3）。

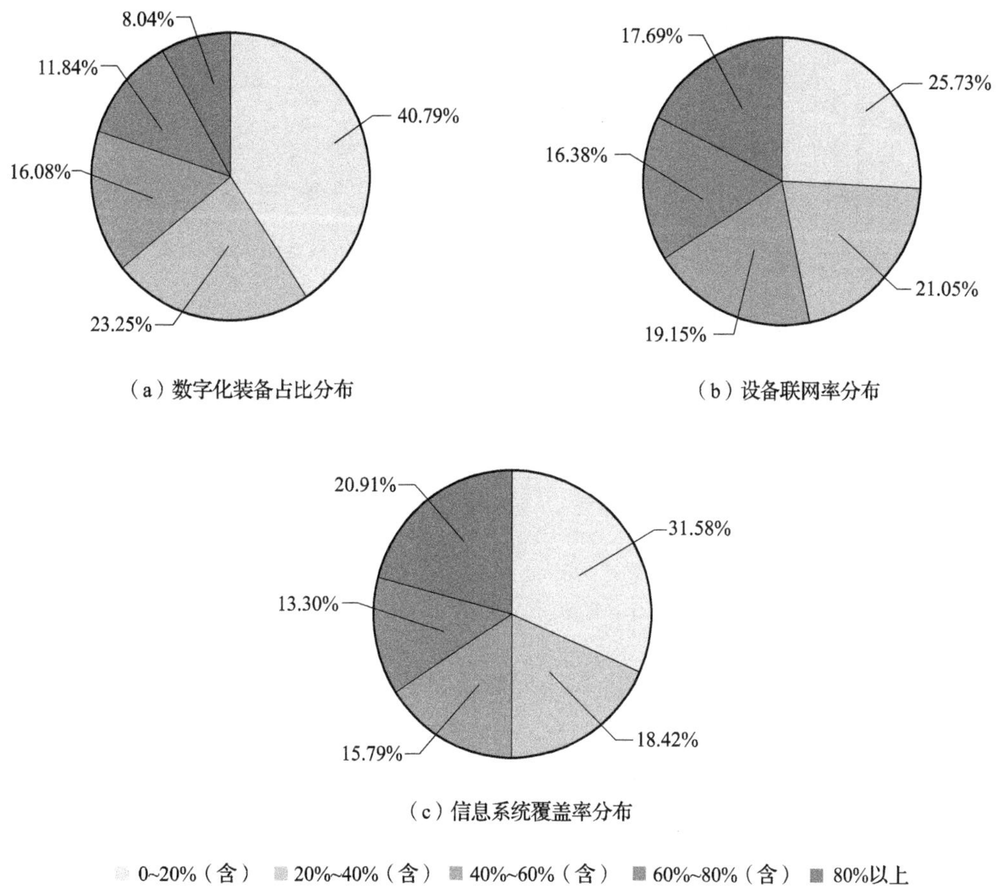

图 3-2　被调研中小企业数字化转型基础水平

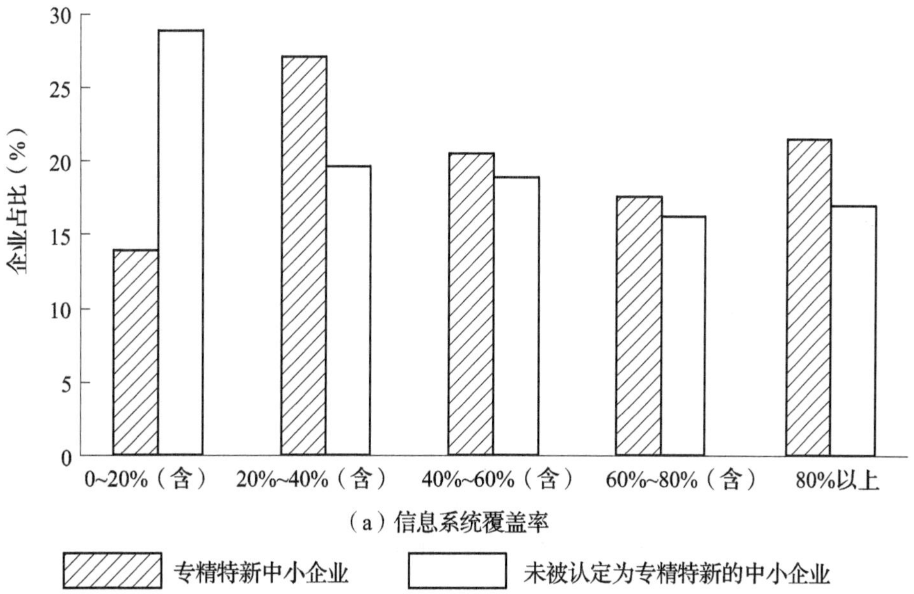

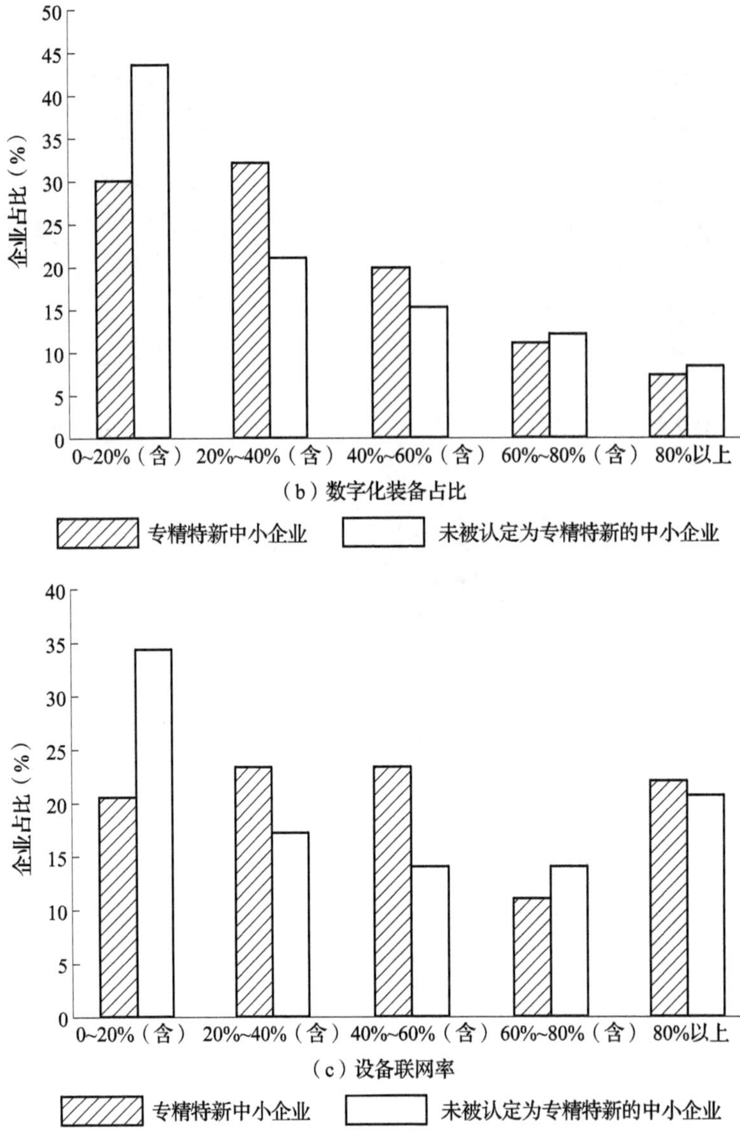

图 3-3 中小企业数字化转型基础对比分析

3.3.4 数字化转型推动专精特新中小企业能力全面提升

数字化转型推动中小企业内外部能力全面提升。从企业内部能力来看，随着数字化转型进程的推进，数据要素的采集、汇聚、处理、分析和价值创造作用逐步凸显，中小企业数据管理能力不断提升。数据贯通和业务协同等共同推动企业组织形态向平台化变革，大数据和人工智能等新兴技术提升了企业智能决策能力和企业管理能力。数字化转型推动设备互通，实现了设备运行状态监测和预测性维护等，提升了企业设备管理能力。基于销售数据反向驱动研发，实现柔性排产，高效资源对接，提升了中小企业快速进行市场响应的能力。从企业外部能力来看，数字化转型有效提升了中小企业的专业化能力、需求对接能力和协作配套能力，较好地促进了制造业生态资源对接和产业链供应链分工。大型企业基于工业互联网平台输出自身服务能力，逐渐进入赋能中小企业阶段，大中小企业协作能力提升，大中小企业融通发展生态逐步完善。数字化转型可以有效提升供应链金融的服务能力和效率，扩宽中小企业融资渠道，提升中小企业融资能力。

专精特新中小企业在各个能力维度的提升水平均高于未被认定为专精特新的中小企业。

从企业内部能力来看，专精特新中小企业各维度能力提升水平均高于 8.00（满分为 10.00，下同），而未被认定为专精特新的中小企业除在数据管理能力、财务管控能力、设备管理能力等方面的提升水平高于 8.00 外，其他维度能力提升水平均低于 8.00。其中专精特新中小企业数据管理能力提升 8.60，显著高于未被认定为专精特新的中小企业（8.31）。专精特新中小企业财务管控能力的提升水平居第二位，显著高于未被认定为专精特新的中小企业（8.01），在财务管控能力方面，两者提升水平差距最大；在创新能力方面，专精特新中小企业的产品创新能力、技术创新能力和模式创新能力提升水平均高于 8.00，均高于未被认定为专精特新的中小企业创新能力提升情况（见图 3-4）。

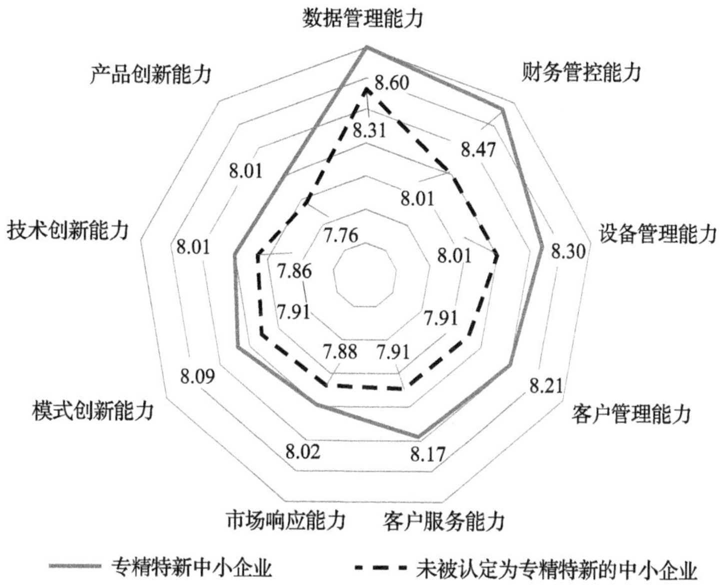

图 3-4　数字化转型推动中小企业内部能力提升对比分析

从企业外部能力来看，中小企业整体外部能力提升水平低于内部能力提升水平，专精特新中小企业各项能力提升水平仍均优于未被认定为专精特新的中小企业。其中，数字化转型推动专精特新中小企业专业化水平提升成效显著（8.33），远高于未被认定为专精特新的中小企业（7.97）。基于工业互联网平台的融资能力提升幅度较小，专精特新中小企业和未被认定为专精特新的中小企业之间差距不大，分别为 7.07 和 7.06，融入产业链供应链的能力有待进一步激发（见图 3-5）。

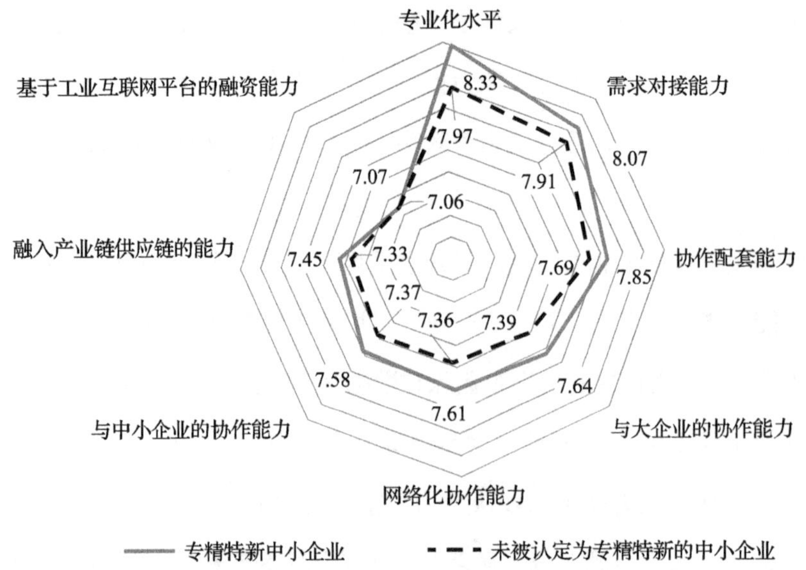

图 3-5　数字化转型推动中小企业外部能力提升对比分析

从转型资金投入来看，专精特新中小企业现金流更加稳健，可用于投入数字化转型的资金更加充沛。一是专精特新中小企业整体利润率高于中小企业平均水平。工业和信息化部面向 1 140 家专精特新“小巨人”企业的调查显示，2021 年 1—9 月，专精特新“小巨人”企业营业收入、利润总额分别同比增长 31.6%、67.9%，比规模以上工业中小企业营业收入增长率、利润总额增长率分别高 8.8、35.4 个百分点。二是专精特新中小企业利润增长势头更为明显。专精特新中小企业订单量更大、更稳定，经营成本持续优化，利润增长趋势向好。2021 年，广东省专精特新上市公司中有 10 家企业净利润率增速超过 100%，近一半企业增速大于 10%。三是专精特新金字招牌吸引资本青睐。湖南省某位专注于新材料的专精特新中小企业的管理人员表示，专精特新认证有助于增强企业的信用背书，可以有效减少融资贷款和市场拓展中的信息不对称，融资贷款和市场拓展带来资金和订单，又进一步推动专精特新中小企业发展壮大。

3.3.5　数字化转型战略紧抓产业链协同配套

从企业发展战略来看，专精特新中小企业从“做成”向“做好”发展，专精特新战略驱动和中小企业数字化转型先行。专精特新中小企业处于中小企业领军梯队，对于其所处业务环境、转型方向和技术应用现状有更加准确的判断，更有动力和能力开展数字化转型。同时，专精特新中小企业经营管理者与产业前沿连接紧密，具备更加前瞻性的数字化视野和更为合理的数字化转型预期，可以有效地自上而下推动企业开展数字化转型。

第 4 章
中小企业数字化转型的影响因素探究——基于中小企业上市公司的实证研究

4.1 引　　言

随着信息技术的快速发展，数据已经成为关键的生产要素，数字技术与实体经济实现了更为普遍、深入的融合，数字经济已然成为驱动各国经济发展的“新引擎”。《中国数字经济发展白皮书（2021 年）》显示，2020 年我国数字经济规模占 GDP 的比重为 38.6%，在新冠疫情影响下仍保持 9.7% 的增长速度，成为稳定我国经济发展的重要动力。2021 年 12 月，国务院印发《“十四五”数字经济发展规划》，重点部署了优化升级数字基础设施等八大任务和 11 个专项工程，正式将发展数字经济纳入国家战略规划。对于各企业而言，数字化转型既是机遇又是挑战，成功实现转型要求企业的数字战略设计、资金力量、管理能力、生产设备、技术水平和数字人才等多个要素满足一定条件且协同作用，这对于技术水平有限、融资困难的中小企业而言更是难上加难。

自 2014 年起，德国政府便先后发布中小企业数字化转型行动计划等多项文件，强化对中小企业数字化变革的引导，并取得了一定成效。为进一步支持占我国企业数量 90% 的中小企业进行数字化变革，工业和信息化部于 2022 年 11 月印发《中小企业数字化转型指南》，助力中小企业科学高效转型。中小企业的数字化转型作为新兴的重要命题，尽快对其作用机制、路径、价值和影响因素等进行探讨具有重要的理论意义和现实意义。本章以上市中小企业为研究对象，对其数字化转型的影响因素进行定量分析，旨在为政府相关政策制定和企业转型战略设计提供一定的参考。

4.2 文献综述

4.2.1 数字化测度

分析企业数字化转型过程中的影响因素，对各企业数字化转型情况的测度和评估是必不可少的，目前学者们大致采用三种方法来测度企业的数字化转型程度。

第一，选取一定指标以评估企业数字化水平。邵文波等在有关企业信息化密度、信息基础设施和出口绩效关系的研究中，以企业IT硬件和软件投资在总销售收入中的比重以及电子信息方面的支出占总销售收入的比重表示企业的信息化密度；类似的还有王永进等，使用企业IT投资额、通过互联网实现的收入和参加IT培训的员工数等指标来体现企业的信息化程度。但由于每个企业信息化的方式多种多样，仅选取个别指标无法对目标变量进行全面的评估，且在获取准确数据方面有一定的困难，因此近年的相关研究大多不再采用这种测度方法。

第二，利用问卷调查的方式获取相关数据。Robert Eller等在其针对中小企业数字化进程的调查问卷中设计了“以同行业为参考，评估贵公司信息和通信技术运用现状”等三个量表类题目以测度各企业数字化水平；吕芬等也在向各企业高管发放的调查问卷中设置了“企业当前数字部署的阶段和从构想到实施数字技术所需的时间”两项内容来度量企业对数字技术的应用。郭海等在调查问卷中直接询问企业是否进行数字化转型，从而生成相关虚拟变量。这种测度方法的劣势在于不够客观，且每个填写问卷的个体对于转型程度的衡量标准都是不同的，因此调查结果可能存在较大误差。

第三，基于企业年报分析。这是目前使用最为普遍的一种数字化测度方法。何帆等通过从企业年报中挖掘相关信息，然后人工评估企业是否进行数字化转型，构建单一虚拟变量。吴非等则是整理出数字技术相关词库后利用Python的爬虫功能抓取企业年报中的关键词，然后以词频统计汇总表征企业数字化转型程度。类似地，还有研究在抓取关键词后以其在全文中的占比作为数字化转型程度的测度指标，如袁淳等，并且自主构建了数字化转型词库。赵宸宇等在建立词库的基础上，通过专家打分的方式对企业数字化转型程度进行评分。

4.2.2　中小企业数字化转型的影响因素

目前针对我国中小企业数字化转型影响因素的研究多为定性分析和案例研究，进行定量分析的还相对较少。

杨晶辉等采用程序化扎根的方法对后疫情时代影响中小企业数字化转型的因素进行了质性分析，研究发现外部宏观环境因素、消费者因素、企业能力因素、企业资源因素和企业发展预期因素对企业数字化转型有不同的影响效果，并从政府、企业和外部环境三方面提出了建议。魏国辰等基于 11 个零售企业的数据，运用扎根理论揭示了影响零售企业数字化转型的主要因素，研究发现企业资源、企业能力、企业家创新精神、外部宏观环境以及市场竞争环境对于推动企业成功进行数字化转型有不同程度的作用。张新等在已有研究的基础上，基于 TOE 分析框架，从技术、组织、环境三个维度对企业实施数字化转型的影响因素进行了分析，发现中小企业数字化转型是内外部多种要素联合互动的结果。Eller 等对其问卷调查中搜集到的量表数据进行了回归分析，发现信息技术的应用情况、企业员工的技能（如持续学习数字技术的机会、团队协作能力等）和企业数字战略等都是影响企业数字化转型的关键因素。

综上，目前国内外学者虽然已通过不同的方法对影响中小企业数字化转型的因素进行了分析，但针对单个影响因素作用效果的研究却相对较少，现有的少量基于客观数据的定量研究还不足以为政策制定和转型战略设计提供可靠的理论依据。本章在已有研究的基础上深入探究各因素对中小企业数字化转型的具体影响。

4.3　研 究 设 计

4.3.1　因素筛选

TOE 框架近年来常被作为研究数字乡村、智慧城市和工业互联网平台等领域的分析框架。TOE 即 Technology–Organization–Environment（技术 – 组织 – 环境），TOE 框架将影响事物发展的因素分为技术、组织和环境三个层面，相较于传统的内部、外部影响因素的二分法，TOE 框架为梳理内部影响因素提供了更为细致的思路。企业数字化转型的实质可以概括为企业将各种数字技术与其组织和业务深度融合，这恰好属于 TOE 框架的研究范畴。但是由于本章研究对象的特殊性，不得不将资金因素纳入考虑，因此本章将从技术、组织、资金和环境四个角度出发，分析中小企业数字化转型的影响因素。

在技术层面，企业的数字基础设施、技术创新和信息技术的投入程度以及 R&D（科学研究与试验发展）人员比例等指标，常被用来代表企业本身的技术能力和转型资源的投入程度。在组织层面，数字化转型战略和高管的能力、动机等被广泛认为是企业能否成功转型的关键因素。根据中国工业互联网研究院调研数据，19.65% 的企业认为组织变革跟不上转型需求是数字化赋能面临的主要困难，生产运营管理多依赖人工经验，业务部门与技术部门相互孤立，数字融合应用能力建设阻力大，因此众多企业已专门设立首席数字执行官等职务。在资金层面，着重分析企业在多大程度上受限于自身的资金问题，可测的变量包括企业的净利润、总营业收入和净资产收益率等指标。在环境层面，政策支持、所在地区的数字化程度和同行业数字化发展水平等是影响企业数字化转型的关键因素。张建伟研究发现税收优惠对企业数字化转型有显著的促进作用。金珺等研究发现竞争压力是企业进行数字化转型的重要原因之一，同行业竞争对手的数字化发展会激发企业同步创新的热情。企业数字化转型影响因素示意图见图 4–1。

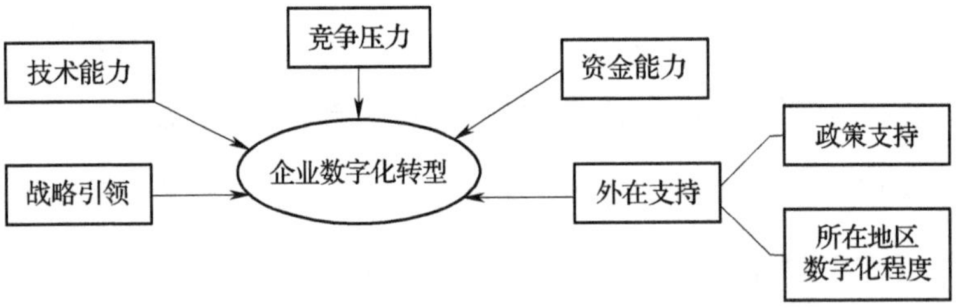

图 4-1　企业数字化转型影响因素示意图

4.3.2　样本选取与数据来源

本章以 2016—2020 年在创业板和前中小板上市，且注册地位于北京、上海、安徽三地的企业为研究样本。仅选取此五年间的数据作为样本是因为 2016 年以前我国数字经济尚处于萌芽状态，中小企业数字化的趋势还不够明显，因此不纳入样本；而 2020 年后由于新冠疫情暴发，各类企业的生产经营受到严重影响，大部分数据不具有代表性，因此也未将 2021—2022 年的观测值纳入样本。参考现有文献的做法，样本的筛选方式如下：①剔除在样本期内被 ST、*ST、PT[1] 处理的企业；②剔除所需数据严重缺失的企业；③剔除已经从创业板转入主板的公司，原因在于其发展较快，公司规模不断扩大，已经不再属于中小企业的范畴。

[1] ST 是指上市公司被进行特别处理的股票，也是退市风险警示；*ST 是指连续三年亏损，有退市风险的股票；PT 是指上市公司出现连续三年亏损等情况，其股票将暂停上市。

通过以上方式筛选后，共 265 家企业的 1234 条观测值被获取。企业层面的数据来自 Wind 金融资讯数据库、国泰安数据库和中国研究数据服务平台，环境层面的数据来自中国统计年鉴、政府部门官网、《中国数字经济发展白皮书》和国研网数字经济发展观察与监测平台。

4.3.3 变量定义与测度

1. 被解释变量

企业数字化转型水平（*dig*）。综合考量准确性和可操作性，本章选择基于企业年报分析各企业的数字化转型程度，主要参考楼永等所构建的中小企业数字化程度分词词库，对样本企业的年报进行关键词搜索、匹配和抓取，并统计汇总关键词频数，最后计算被抓取的关键词总字数在企业本年度年报总字数中的占比，以衡量数字化转型在企业过去一年的生产活动及未来的发展战略中所占的权重。中小企业数字化程度关键词词库见表 4–1。

表 4–1 中小企业数字化程度关键词词库

类别	关键词
数字化基础设施	数据管理、数据挖掘、数据网络、数据平台、数据中心、数据科学、大数据、关系型数据库、数据可视化、数字化、数字控制、数字技术、数字通信、数字网络、数字终端、数字智能、云计算、云存储、云联网、云平台、区块链、物联网、AI、BI、人工智能、机器人、机器学习、智能制造、智能设备、智能管理、智能终端、智能识别、商务智能、自动控制、自动监测、自动生产、集散控制系统（DCS）、数据处理技术（DT）、电子设计自动化（EDA）、电子病历（EMR）、电子顺磁共振（EPR）、企业资源计划（ERP）、地理信息系统（GIS）、制造执行系统（MES）、管理信息系统（MIS）、数字计算机控制（NC）、办公自动化（OA）、关系数据库系统（Oracle）、产品生命周期管理（PLM）、机器人流程自动化（RPA）、企业管理解决方案（SAP）、用友 U9 软件、金蝶 EAS 软件、地理信息系统（GIS）
互联网商业模式	“互联网 +”、移动互联网、工业互联网、工业 4.0、产业互联网、互联网战略、互联网模式、互联网平台、平台经济、数字营销、电商、电子商务、直播、新媒体、App、小程序、微商城、网络零售、在线、线上线下、生态协同、基础设施即服务（IaaS）、物联网（IoT）、“线上到线下”的商业模式（O2O）、软件即服务（SaaS）、平台即服务（PaaS）
企业信息化建设	5G、信息化、信息管理、信息集成、信息软件、信息系统、信息终端、信息网络、网络化、知识管理、移动办公、智能办公、在线办公、工业信息、工业通信

2. 解释变量

（1）技术能力。金珺等研究发现生产技术能力是影响制造业企业数字化转型的七大因素之一，技术能力强的企业能更好地处理和分析内部各类数据，更具有进行数字化转型的动力。本章以上市公司每年独立获得的专利数量（*patent*）为指标以分析企业自身技术能力对其进行数字化转型的影响。企业数字资源的水平对数字化转型起着基础性的作用，中小企业的数字化设备连接率、信息系统覆盖率和设备联网率均具有较高提升空间。为衡量企业数字基础设施水平（*base*）对数字化转型的影响，本章以国泰安数据库企业数字化转型于库中的“组织赋能”指数为指标，共包括数字资本投入计划、数字人才投入计划、数字基础设施建设和科技创新基地建设四个评价维度，可以较好地评价企业对数字资源的重视程度和投入程度。

（2）战略引领。战略引领的度量指标来自国泰安数据库，包括是否设立首席数字执行官、年报中管理层讨论与分析数字创新导向的前瞻性、持续性、广度和强度五个二级指标，该指标从组织维度较为全面地衡量了数字化转型战略引领强度（*guide*）。此外，从战略引领的主体考虑，本章还加入了董事长是否为男性（*male*）、年龄（*age*）、是否拥有硕士研究生及以上学历（*edu*）以及高管是否持股（*stock*）四个解释变量来评估董事长个人特征和高管的动机对企业数字化转型决策的影响。

（3）资金能力。资金能力是企业数字化转型决策的决定性因素，尤其是对于抗风险能力差、融资难、融资贵的中小企业来说，存活下去是首要任务，通常来说只有盈利能力较强的企业才有足够的资金进行数字化改革。本章以企业年度资产收益率（*ROA*）作为资金能力的衡量指标。

（4）政策支持。地方政府的政策支持（如资金支持、税收优惠、人才引进等）对各地企业实施数字化转型具有引导和激励作用。本章主要参考国研网的数字经济发展观察与监测平台中每年收录的地方相关政策，并与各地区政府网站、经济和信息化局官网上的政策法规库进行比对以防止遗漏，最后以各年全部政策数目作为各地区政策支持力度（*policy*）的衡量指标。

（5）环境支撑。除自身条件之外，企业的数字化转型进程在很大程度上还受制于企业所在地数字基础设施的发展水平，如城市 5G 基站数量、微波线路长度等都是影响企业算力和数字信息传输速度的重要因素，因此本章以统计年鉴中各地区光缆线路长度（*network*）的对数值作为其数字化水平的代理指标以探究其对企业数字化转型的影响。

4.4 实证分析

4.4.1 描述性统计

表 4–2 为本章主要变量的描述性统计结果。其中，被解释变量企业数字化转型水平（*dig*）的均值为 114.309（单位：1/100 000），最小值和最大值分别为 0 和 1 048.349，通过其各分位数的值可知样本企业的数字化转型程度呈现明显的右偏分布，这表明少部分企业的数字化程度

远高于其他企业，这可能是由于行业特征所致，后续分析中将对数据进行 5% 缩尾处理。在解释变量中，企业每年独立获得的专利数量（*patent*）和企业数字基础设施水平（*base*）同样呈现明显的右偏分布，说明不同样本企业的技术能力存在较大差异；而企业数字化转型战略引领强度（*guide*）基本接近正态分布。

表示董事长个人特征的三个变量具有比较明显的特点，其中是否为男性（*male*）和是否拥有硕士研究生及以上学历（*edu*）的均值分别为 0.942 和 0.595，表明绝大部分样本企业的董事长都是男性，且有近 60% 的学历水平为硕士研究生及以上（*edu*=1），年龄均值约为 53 岁。高管是否持股（*stock*）的均值是 0.922，表明约有 92.2% 的样本企业中高层管理人员持有一定数量的股份。表示董事长个人特征的三个变量均为虚拟变量，是取 1，否取 0。

表 4-2　描述性统计结果

变量	标准差	最小值	下四分位数	均值	中位数	上四分位数	最大值
企业数字化转型水平（*dig*）（1/100 000）	148.697	0	21.178	114.309	53.758	145.872	1 048.349
上市公司每年独立获得的专利数量（*patent*）（件）	23.929	0	0	10.923	3	11	233
企业数字基础设施水平（*base*）	7.434	22.228	22.3	26.115	22.337	30.258	74.47
数字化转型战略引领强度（*guide*）	22.137	18.691	38.444	57.022	58.485	77.703	98.023
企业年度资产收益率（*ROA*）（%）	0.092	−1.167	0.009	0.029	0.031	0.064	0.323
董事长年龄（*age*）（岁）	7.290	24	49	53.489	54	57	80
董事长是否为男性（*male*）	0.233	0	1	0.942	1	1	1
董事长是否拥有硕士研究生及以上学历（*edu*）	0.491	0	0	0.595	1	1	1
高管是否持股（*stock*）	0.268	0	1	0.922	1	1	1
各地区政策支持力度（*policy*）（条）	2.582	1	1	3.577	4	4	9
各地区光缆线路长度的对数值［ln（*network*）］	0.744	2.272	2.928	3.487	3.173	4.431	4.701

注：表中观测值除 *patent* 项为 1 218 家企业，其余为 1 234 家企业。

表征企业技术能力的两个变量——上市公司每年独立获得的专利数量（*patent*）和企业数字基础设施水平（*base*）与被解释变量相对于基准年均值的增长率（以 2016 年为基准年）的关系如图 4–2 所示。由图可知，样本企业所获专利数量的均值和企业数字基础设施水平的评分均值在样本期内上下波动，而被解释变量企业数字化转型水平（*dig*）出现了较为显著的提高，三者并未呈现明显的相关性。

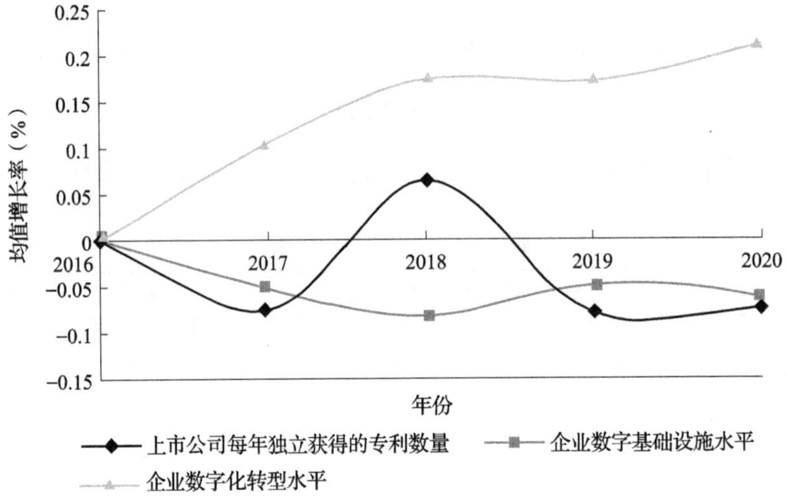

图 4–2　样本企业技术能力与数字化转型水平的变化趋势

图 4–3 显示样本企业整体上对数字化转型的战略引领在不断加强，各企业对自身数字化改革的重视程度持续提升，与被解释变量数字化转型程度的变化趋势一致。

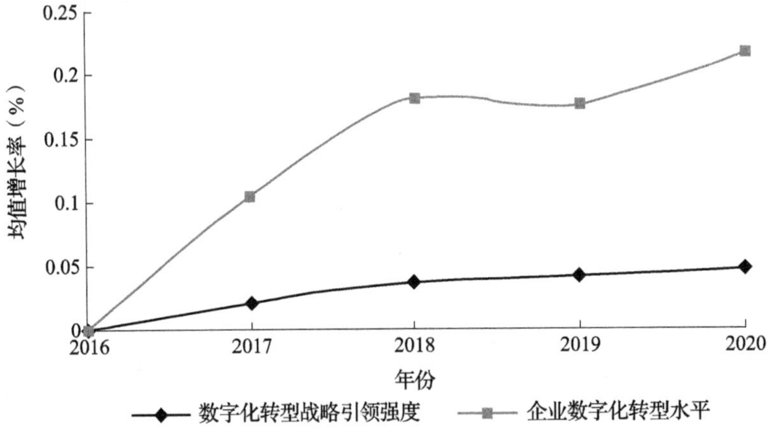

图 4–3　样本企业数字化战略引领强度与数字化转型水平的变化趋势

所有观测值的数字化转型水平（*dig*）和企业年度资产收益率（*ROA*）的对应关系如图 4–4 所示，从图中可以看出绝大部分样本企业的资金能力都是类似的，集中于 0.04 左右。而各个企业的数字化转型水平却存在较大差异，其对数值较多分布在 2 和 6 之间。

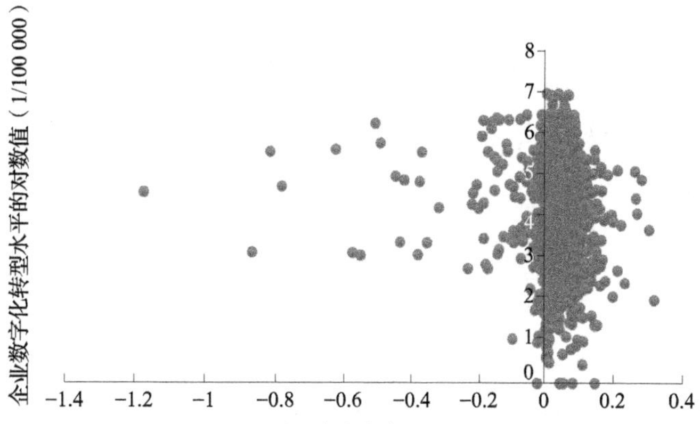

图 4-4　企业年度资产收益率与数字化转型水平散点图

政策支持属于同一地区企业的共同特征，从图 4–5 分地区的统计结果可以看出各地区样本企业数字化转型水平和为中小企业数字化转型提供的政策支持方面存在一定差异。上海市在样本期内每年平均相关政策数目为 6.4 条，远高于安徽省和北京市。但北京市中小企业的整体数字化转型水平却是最高的，其次是上海市。纵向来看，各地区中小企业的数字化水平都在持续提高。每年的相关政策数目虽有波动，但总体来看三个地区对中小企业数字化转型的支持力度较起始年都有所增加，各地政府对数字化转型的重视程度有增无减。

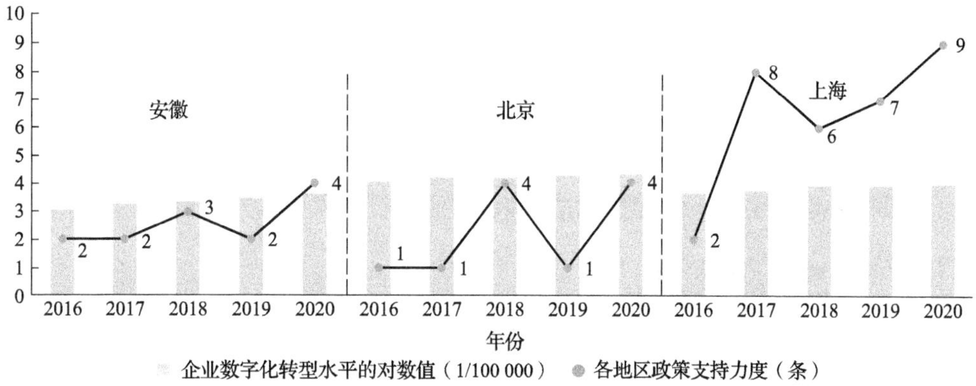

图 4-5　各地区政策支持力度与企业数字化转型水平的对数值均值变化趋势

在样本期内，三个地区的光缆线路长度均在样本期内发生了持续增长，其中安徽省的增速最高，为当地企业的数字化转型提供了可靠的基础条件，各地区光缆线路长度的对数值与当地企业的平均数字化转型程度都呈上升趋势（见图 4–6）。

横向来看，三个地区样本企业的数字化转型水平呈现出较大差异，但都属于明显的右偏型分布。从均值来看，北京市样本企业数字化转型水平最高，上海市位居第二，二者均远高于安徽省的样本企业数字化转型水平。从最大值来看，上海市位居第一。各地区样本企业数字化水平的不同可能由于其产业结构存在差异，不同产业的数字化水平差距较大（见表 4–3）。

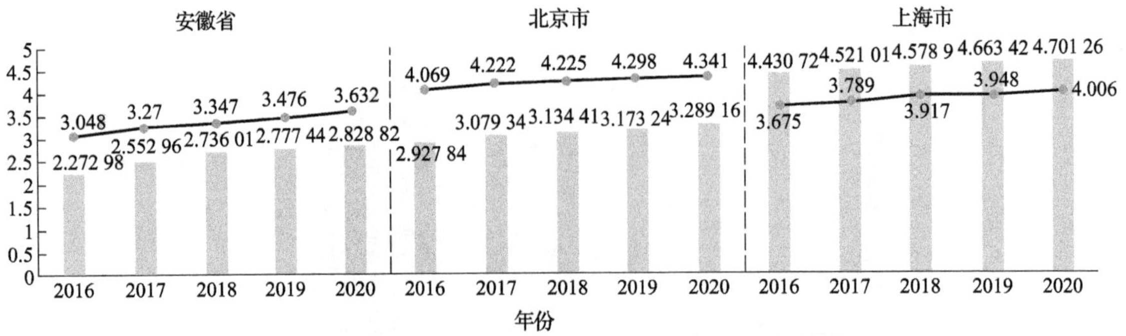

图 4-6　各地区光缆线路长度的对数值与企业数字化转型程度的对数值均值变化趋势

表 4-3　样本企业数字化转型水平分地区描述性统计结果　　单位：1/100 000

地区	最小值	下四分位数	均值	中位数	上四分位数	最大值
安徽省	0	12.496	61.091	30.970	56.610	520.521
北京市	0	28.562	132.546	85.100	181.389	923.929
上海市	0	19.843	108.072	41.934	112.994	1 048.349
总计	0	21.178	114.309	53.758	145.872	1 048.349

纵向来看，样本企业的数字化水平整体呈上升趋势，样本期内其均值从 100.345 提升至 121.953，且 2019 年后不再有数字化转型水平为 0 的企业（见表 4–4）。

分行业来看，平均数字化转型水平最高和次高的行业分别是新闻和出版业、互联网和相关服务业；最低和次低的行业分别是燃气生产和供应业、石油和天然气开采业。本章下一部分将具体分析各解释变量的作用效果。

表 4-4　样本企业数字化转型程度变化趋势　　单位：1/100 000

年份	最小值	下四分位数	均值	中位数	下四分位数	最大值
2016	0	14.798	100.345	43.485	129.973	1 048.349
2017	0	20.547	110.772	49.594	153.354	1 003.983
2018	0	21.667	118.274	54.293	143.039	1 040.017
2019	0.639	22.917	117.854	56.039	149.299	952.714
2020	0.996	27.781	121.953	61.271	151.155	1 015.708
总计	0	21.178	135.407	53.590	145.847	1 048.349

4.4.2　基础回归结果分析

为研究上述变量对中小企业数字化转型的作用效果，本文建立了如下固定效应模型：

$$\ln(dig_{i,t})=\beta_0+\beta_1\cdot patent_{i,t}+\beta_2\cdot\ln(base_{i,t})+\beta_3\cdot\ln(guide_{i,t})+\beta_4\cdot ROA_{i,t}+\beta_5\cdot policy_{i,t}+\beta_6\cdot network_{i,t}+\beta_7\cdot age+\beta_8\cdot male+\beta_9\cdot edu+\beta_{10}\cdot stock+\beta_{11}\cdot\sum controls+u_{i,t}$$

其中：$u_{i,t}$ 为包含企业固定效应的随机误差项，i 表示个体企业，t 表示年份。

除上述解释变量外，模型中还加入了以总计资产的自然对数衡量的企业规模（*size*）、资产负债率（*debt*）、公司现金流（*cashflow*）、管理费用率（*managefee*）以及企业是否为大型公司控股（*bigfirm*）并将其作为控制变量（*controls*）。由于企业资金能力（*ROA*）、企业层面控制变量和相关政策支持对企业数字化转型的影响具有滞后性，因此选取前一期的数据以避免内生性问题，同时在回归过程中控制企业固定效应。在表 4-5 中，模型（1）报告了仅含企业层面控制变量的回归结果；相比于模型（1），模型（2）采用了企业层面聚类稳健标准误；模型（3）和模型（4）加入了地区层面控制变量；模型（4）在模型（3）的基础上加入了年份虚拟变量，除模型（1）外其余模型均采用企业层面聚类稳健标准误差，以下为对基础回归结果的分析。

表 4-5　基础回归结果

变量	模型（1）	模型（2）	模型（3）	模型（4）
公司每年独立获得的专利数量 （*patent*）	−0.001 8 （0.001 3）	−0.001 7 （0.001 5）	−0.001 5 （0.001 4）	−0.001 6 （0.001 4）
企业数字基础设施水平的对数值 ［ln（*base*）］	0.104 0 （0.087 4）	0.093 2 （0.083 6）	0.167 2* （0.092 0）	0.176 8* （0.092 7）
数字化转型战略引领强度的对数值 ［ln（*guide*）］	1.218 0*** （0.106 2）	1.218 0*** （0.100 5）	1.077 3*** （0.136 9）	−1.055 7*** （0.139 0）
企业年度资产收益率 （*ROA*）	0.083 1 （0.228 5）	0.083 1 （0.162 5）	0.319 9** （0.174 2）	0.357 3** （0.173 4）
董事长是否为男性 （*male*）	−0.037 2 （0.120 1）	−0.037 2 （0.083 9）	−0.031 1 （0.071 9）	−0.025 1 （0.071 4）
董事长年龄 （*age*）	−0.000 1 （0.003 4）	−0.000 1 （0.005 2）	−0.001 0 （0.005 1）	−0.001 0 （0.005 2）
董事长是否拥有硕士研究生及以上学历 （*edu*）	0.082 7* （0.043 6）	0.082 7 （0.092 7）	0.061 2 （0.094 2）	0.059 5 （0.093 7）
高管是否持股 （*stock*）	0.064 9 （0.087 7）	0.064 9 （0.088 6）	0.056 7 （0.092 0）	0.055 5 （0.091 8）

续表 4-5

变量	模型（1）	模型（2）	模型（3）	模型（4）
企业规模的对数值 [ln（*size*）]	0.127 8*** （0.047 6）	0.127 8 （0.082 2）	-0.017 0 （0.087 4）	-0.027 0 （0.087 7）
企业是否为大型公司控股 （*bigfirm*）	-0.047 1** （0.020 2）	-0.047 1** （0.020 2）	-0.049 9** （0.020 5）	-0.051 8** （0.020 5）
各地区政策支持力度 （*policy*）	—	—	0.008 1 （0.008 9）	0.001 6 （0.010 6）
各地区光缆线路长度的对数值 [ln（*network*）]	—	—	0.529 8*** （0.162 4）	0.236 3 （0.306 1）
2016 年	—	—	—	-0.150 8 （0.119 7）
2017 年	—	—	—	-0.074 0 （0.076 6）
2018 年	—	—	—	-0.033 9 （0.052 1）
2019 年	—	—	—	-0.030 3 （0.042 9）
公司现金流，资产负债率，管理费用率 （*cashflow*，*debt*，*managefee*）	控制	控制	控制	控制
常数项	-4.272 2*** （1.068 6）	-4.272 2** （1.815 4）	-2.495 9 （1.727 8）	-1.111 9 （1.998 4）
观测值 / 样本对象的数量	113 5/264	113 5/264	113 5/264	113 5/264

注：括号内数字是回归系数的标准误差，*、**、*** 分别表示在 10%、5%、1% 的水平上显著。

技术能力。在加入地区层面的控制变量后，企业数字技术基础资源水平（*base*）对数值的系数变大且在 10% 的水平上显著，说明企业增强对数字人力资本、数字基础设施的投入能够提高其数字化转型水平。

战略引领。企业数字化战略引领强度（*guide*）的对数值的系数在所有回归模型中均最大且均在 1% 的水平上显著，表明企业在组织层面对数字化改革的引领强度与其数字化转型水平具有较强的正相关关系。具体来说，对企业数字化战略引领强度的评分每提高 1% 会带来其数字化转型水平约 1.1% 的提升。表征董事长个人特征的变量中仅有董事长是否拥有硕士研究生及以上学历（*edu*）在模型（1）的回归结果中显著，说明董事长拥有硕士研究生及以上学历对企业数字化转型有一定促进作用。

资金能力。企业资金能力（*ROA*）的系数在加入地区层面控制变量后变得显著，系数增大，说明企业当年的盈利情况对数字化转型水平有正向影响，中小企业资金能力提升会在一定程度上缓解“不敢转”的问题。

政策支持。各地区政策支持力度（*policy*）的系数在模型（3）、模型（4）中都为正，但不显著，说明各地区政策支持力度对促进中小企业数字化转型的效果并不明显。

环境支撑。各地区光缆线路长度的对数值（*network*）的系数在模型（3）的回归结果中显著，系数约为 0.5298，说明地区基础通信能力的提高对数字信息传输和计算效率有积极影响，有利于当地企业进行数字化转型。

控制变量中公司规模（*size*）的对数值仅在模型（1）的回归结果中显著；虚拟变量企业是否为大型公司控股（*bigfirm*）的系数为负且在 5% 的水平上显著，说明由大型公司控股对企业进行数字化转型具有一定阻碍作用，这可能是决策方式、风险偏好等多方面因素共同造成的。模型（4）中的年份虚拟变量衡量了企业数字化转型水平仅随时间变化的趋势，以 2020 年为基准，所有年份虚拟变量的系数均为负值，说明在样本期内样本企业的数字化转型水平普遍在逐年提升，尽管并不显著。

根据以上对基础回归结果的分析，企业数字化转型战略引领强度（*guide*）的对数值对被解释变量的影响最为显著，后续本章将以其为主要解释变量进行进一步分析。

4.4.3　异质性分析

为探究各解释变量对企业数字化转型水平所产生的异质性影响，本部分选择了地区、行业等指标进行异质性分析，结果见表 4–6、表 4–7。

表 4–6　不同地区间的异质性分析

变量	安徽模型（1）	北京模型（2）	上海模型（3）
公司每年独立获得的专利数量 （*patent*）	-0.0040^{**} （0.002 0）	0.002 4 （0.001 9）	−0.001 1 （0.001 5）
企业数字基础设施水平的对数值 [ln（*base*）]	−0.031 7 （0.351 8）	0.102 3 （0.084 8）	0.538 9 （0.360 0）
数字化转型战略引领强度的对数值 [ln（*guide*）]	0.7205^{***} （0.221 0）	0.9750^{***} （0.188 6）	1.5486^{***} （0.316 2）
企业年度资产收益率 （*ROA*）	0.288 8 （0.450 8）	0.194 6 （0.182 0）	0.224 6 （0.257 2）

续表 4-6

变量	安徽模型（1）	北京模型（2）	上海模型（3）
董事长是否为男性 （*male*）	–0.329 8** （0.124 9）	–0.017 6 （0.154 2）	0.027 3 （0.202 2）
董事长年龄 （*age*）	–0.000 7 （0.009 6）	0.007 4 （0.007 3）	–0.006 0 （0.007 9）
董事长是否拥有硕士研究生及以上学历 （*edu*）	–0.111 6 （0.239 1）	–0.084 0 （0.081 6）	0.339 2* （0.181 6）
高管是否持股 （*stock*）	0.132 5 （0.175 7）	–0.074 7 （0.099 8）	0.312 9* （0.153 3）
企业规模的对数值 [ln（*size*）]	0.345 8** （0.165 0）	–0.075 3 （0.110 4）	–0.089 0 （0.133 6）
企业是否为大型公司控股 （*bigfirm*）	0.130 6 （0.297 5）	–0.057 0** （0.027 0）	0.085 0 （0.089 5）
各地区政策支持力度 （*policy*）	0.022 2 （0.037 7）	–0.002 1 （0.008 7）	0.008 3 （0.014 4）
各地区光缆线路长度的对数值 [ln（*network*）]	0.303 7 （0.206 7）	0.532 5** （0.224 5）	0.829 5** （0.364 2）
公司现金流，资产负债率，管理费用率 （*cashflow*，*debt*，*managefee*）	控制	控制	控制
常数项	–7.702 7* （3.941 4）	–0.275 9 （2.096 7）	–5.752 6* （3.267 5）
观测值 / 样本对象的数量	181/45	650/148	341/77

注：括号内数字是回归系数的标准误差，*、**、*** 分别表示在 10%、5%、1% 的水平上显著。

表 4-7　不同行业间的异质性分析

变量	制造业 模型（1）	信息传输、软件和 信息技术服务业 模型（2）	其他行业 模型（3）
公司每年独立获得的专利数量 （*patent*）	–0.003 3 （0.002 1）	–0.002 0 （0.002 0）	0.011 7** （0.005 8）
企业数字基础设施水平的对数值 [ln（*base*）]	0.383 6* （0.215 9）	–0.035 0 （0.091 7）	0.288 0 （0.203 7）
数字化转型战略引领强度的对数值 [ln（*guide*）]	1.023 8*** （0.178 0）	0.859 7** （0.379 5）	1.032 6*** （0.278 6）
企业年度资产收益率 （*ROA*）	0.766 6** （0.388 4）	0.684 8** （0.271 0）	0.019 0 （0.203 7）

续表 4-7

变量	制造业 模型（1）	信息传输、软件和信息技术服务业 模型（2）	其他行业 模型（3）
董事长是否为男性 （*male*）	−0.296 5 （0.182 2）	−0.002 6 （0.217 7）	−0.144 5* （0.083 3）
董事长年龄 （*age*）	0.012 2* （0.006 3）	−0.005 4 （0.005 1）	−0.001 2 （0.005 3）
董事长是否拥有硕士研究生及以上学历 （*edu*）	0.097 5 （0.095 6）	−0.029 4 （0.117 6）	−0.126 2 （0.148 4）
高管是否持股 （*stock*）	0.078 2 （0.103 1）	0.480 0** （0.190 0）	−0.189 1 （0.151 2）
企业规模的对数值 [ln（*size*）]	−0.084 7 （0.117 5）	0.160 1 （0.072 4）	−0.104 0 （0.144 2）
企业是否为大型公司控股 （*bigfirm*）	−0.049 2*** （0.017 6）	−0.590 0*** （0.067 3）	0.031 0 （0.147 1）
各地区政策支持力度 （*policy*）	0.006 6 （0.013 8）	−0.002 6 （0.002 0）	0.020 4 （0.020 3）
各地区光缆线路长度的对数值 [ln（*network*）]	0.447 5** （0.210 5）	0.387 5** （0.248 0）	0.725 0* （0.386 1）
公司现金流，资产负债率，管理费用率 （*cashflow*，*debt*，*managefee*）	控制	控制	控制
常数项	−1.874 5 （2.399 2）	−3.262 0 （1.559 8）	−1.203 7* （2.809 9）
观测值 / 样本对象的数量	594/135	329/74	244/60

注：括号内数字是回归系数的标准误差，*、**、*** 分别表示在 10%、5%、1% 的水平上显著。

（1）地区。对三个地区样本企业数字化转型水平进行组间样本均值差异性检验，检验统计量 t 分别为 8.398 5、4.329 5 和 4.287 5，三组 p 值均小于 0.01，表明三个地区的被解释变量存在显著差异。从回归结果中可以看出各解释变量对不同地区样本企业数字化转型水平的影响具有异质性。

在衡量技术能力的相关变量中，企业数字基础设施水平（*base*）的对数值在地区层面的异质性分析中不显著。安徽省企业每年独立获得的专利数量（*patent*）对其数字化转型水平有一定的消极影响，这可能是由于企业在专利技术研发和数字化改革二者之间做出了一定的取舍，对专业技术能力提升的强调挤占了部分企业投入数字化的资金、资源等。这一系数在模型（3）

的回归结果中也为负但不显著，而在模型（2）中，对北京市样本企业的回归结果中却为正，表明北京市样本企业的技术能力与数字化转型水平呈正相关关系。

在衡量战略引领的相关变量中，企业数字化转型战略引领强度（*guide*）的对数值在模型（1）、模型（2）、模型（3）中对被解释变量都有显著的积极影响，与基础回归结果一致。

在衡量环境支撑的相关变量中，各地区光缆线路长度的对数值［ln（*network*）］在三个回归模型中的系数都为正，且在模型（2）、模型（3）中在 5% 的水平上显著，表明各地区的数字基础设施建设对当地企业进行数字化转型普遍存在一定的推动作用。

在衡量资金能力的相关变量中，企业年度资产收益率（*ROA*）和各地区政策支持力度（*policy*）的系数在三个地区的回归结果中都不显著。

其余解释变量如董事长是否为男性（*male*）、董事长是否拥有硕士研究生及以上学历（*edu*）和控制变量中样本企业是否为大型公司控股（*bigfirm*）等都只在对一个地区模型的回归结果中显著，且组间系数大小差异较大，说明各地区的异质性条件对解释变量存在着不同影响。

（2）行业。本章使用中国证券监督管理委员会行业分类标准一级代码，将样本企业分为制造业，信息传输、软件和信息技术服务业，其他行业（包括建筑业、公共设施管理业和农、林、牧、渔业等）三类。各分类在样本中的占比分别约为 50%、28% 和 22%；数字化转型水平的均值分别为 63.83、241.67 和 63.54，通过组间样本均值差异性检验。回归结果见表 4–7。

在衡量环境支撑的相关变量中，各地区光缆线路长度的对数值［ln（*network*）］对于所有行业企业的数字化转型水平都有显著的积极影响，说明当地数字能力的提升能够为企业数字化助力增效。

在衡量资金能力的相关变量中，企业年度资产收益率（*ROA*）对制造业以及信息传输、软件和信息技术服务业企业进行数字化转型具有显著影响，资产收益率的提升有利于企业加大在数字化转型方面的资金投入。

在衡量技术能力的相关变量中，企业数字基础设施水平（*base*）的对数值仅对制造业企业的数字化转型有显著的促进作用，原因在于制造业企业的生产极大地依赖其机器设备的运作，因此提高制造业企业基础设施的先进性对其数字化转型的促进效果会比其他行业更显著。公司每年独立获得的专利数量（*patent*）对制造业以及信息传输、软件和信息技术服务业企业的数字化转型水平没有显著影响，而在对其他行业的模型回归结果中的系数显著为正。

在衡量战略引领的相关变量中，企业数字化战略引领强度（*guide*）的对数值在三个模型中系数都最大且显著。高管是否持股（*stock*）对信息传输、软件和信息技术服务业企业的数字化转型有显著的积极作用，信息传输、软件和信息技术服务业的高管对数字化转型的认知水平一般会高于其他行业的高管，因此若传输、软件和信息技术服务业高管持有公司股份能够有效激励其引领企业进行数字化改革。

在控制变量中，若企业为大型公司控股会对制造业和信息传输、软件和信息技术服务业企业的数字化转型产生一定的阻碍作用。

4.4.4 进一步分析

根据以上实证研究结果，企业数字化转型战略引领强度对其数字化转型水平有着最显著的积极影响，因此本部分将进一步探究促使企业重视数字化改革以及促成其转型决策的因素。按照 TOE 加资金能力的分析框架，将解释变量分为四类：技术能力、资金能力、组织因素和环境因素。张昆贤等发现高管团队人口统计学特征对企业是否从事数字化技术并购存在一定影响，因此本部分在原有组织管理层面的因素中加入了体现 CEO 个人特征的相关变量并进行分析。四类解释变量中的技术能力包括公司每年独立获得的专利数量（*patent*）和研发人员占比（*RD*）；资金能力包括企业年度资产收益率（*ROA*）和资产负债率（*debt*）；组织因素分为董事长特征和 CEO 特征，分别有董事长是否为男性（*male*）、年龄（*age*）、是否拥有硕士研究生及以上学历（*edu*），CEO 是否为男性（*male2*）、年龄（*age2*）、是否拥有硕士研究生及以上学历（*edu2*）、是否有海外背景（*oversea*）、是否有金融背景（*financial*）以及是否持股（*stock2*）；环境因素包括各地区政策支持力度（*policy*）和各地区光缆线路长度的对数值（*network*）。

使用固定效应模型，回归方程如下：

$$\ln(guide_{i,t})=\beta_0+\beta_1\cdot patent_{i,t}+\beta_2\cdot RD_{i,t}+\beta_3\cdot debt_{i,t}+\beta_4\cdot ROA_{i,t}+\beta_5\cdot mlae+\beta_6\cdot age+\beta_7\cdot edu+\beta_8\cdot male2+\beta_9\cdot age2+\beta_{10}\cdot edu2+\beta_{11}\cdot oversea+\beta_{12}\cdot financial+\beta_{13}\cdot stock2+\beta_{14}\cdot policy_{i,t}+\beta_{15}\cdot network_{i,t}+\beta_{16}\cdot \sum controls+u_{i,t}$$

其中：$u_{i,t}$ 为包含企业固定效应的随机误差项，i 表示个体企业，t 表示年份。

控制变量（*controls*）包括企业规模（*size*）的对数值、公司现金流（*cashflow*）、管理费用率（*managefee*）、营业利润率（*OPM*）以及企业是否为大型公司控股（*bigfirm*）。对于企业资金能力、相关政策支持和控制变量等对企业数字化转型的影响具有滞后性的变量，选取前一期的数据以避免内生性问题，同时在回归过程中控制企业固定效应。回归结果如表 4–8 所示，其中模型（1）、模型（3）中未加入董事长特征相关变量，模型（3）、模型（4）中加入了环境层面的相关变量，以下为回归结果分析。

技术能力。表征技术能力的两个变量系数都为正，但仅有企业研发人员占比（*RD*）的系数在 5% 的水平上显著。当企业拥有的研发人员占比提高时，企业领导层会认为当前的人力资本能够更有力地支持企业进行数字化转型，于是会作出转型决策并加强战略引领。

资金能力。在表征资金能力的相关变量中，企业资产负债率（*debt*）的系数始终为负，且在模型（3）、模型（4）的回归结果中显著，表明企业资产负债率的提高会降低其进行数字化转型的意愿。数字化转型前期投入较大且短期收益不明显，对于举债较高的企业风险更大，因此可能会出现放弃转型或降低转型投入的情况，表现为对企业数字化转型战略引领强度降低。

组织因素。在组织层面的解释变量中，董事长年龄（*age*）与被解释变量呈正相关关系；有海外背景（*oversea*）的 CEO 会加强企业对数字化转型的战略引领，但该变量的系数在加入环境因素后不再显著；其余领导层个人特征对数字化转型战略引领强度无显著影响。

环境因素。在衡量外在环境的变量中，各地区光缆线路长度的对数值［ln（*network*）］对企业数字化转型战略引领强度的影响是所有解释变量中最大且最显著的原因在于，当地区信息技术基础设施水平提高时，会为企业数字化改革提供更可靠的基础条件，增强企业进行数字化转型的信心。同时，各地区光缆线路长度的对数值的提高还会给企业传导政府重视数字化发展的信号，从而带动各企业提高对数字化转型的战略引领强度。

表 4–8 进一步分析回归结果

变量	模型（1）	模型（2）	模型（3）	模型（4）
公司每年独立获得的专利数量 （*patent*）	0.000 7 （0.000 8）	0.000 7 （0.000 8）	0.000 9 （0.000 9）	0.000 9 （0.000 9）
研发人员占比 （*RD*）	0.002 4** （0.001 2）	0.002 5** （0.001 2）	0.002 0** （0.001 1）	0.002 0** （0.001 1）
资产负债率 （*debt*）	−0.067 2 （0.064 2）	−0.073 4 （0.064 3）	−0.114 9* （0.065 2）	−0.117 9* （0.064 8）
企业年度资产收益率 （*ROA*）	−0.120 6* （0.064 5）	−0.113 4* （0.065 1）	0.007 6 （0.061 7）	0.010 3 （0.062 5）

续表 4-8

变量	模型（1）	模型（2）	模型（3）	模型（4）
董事长是否为男性 （*male*）	—	0.002 9 （0.043 5）	—	0.001 9 （0.035 2）
董事长年龄 （*age*）	—	0.002 6* （0.001 4）	—	0.002 0* （0.001 2）
董事长是否拥有硕士研究生及以上学历 （*edu*）	—	0.019 0 （0.023 6）	—	0.006 3 （0.021 5）
CEO 是否为男性 （*male2*）	−0.008 9 （0.043 1）	−0.009 6 （0.041 8）	0.024 5 （0.035 0）	0.023 9 （0.034 0）
CEO 年龄 （*age2*）	0.000 6 （0.001 3）	0.000 2 （0.001 3）	−0.000 7 （0.001 4）	−0.001 1 （0.001 3）
CEO 是否拥有硕士研究生及以上学历 （*edu2*）	0.016 2 （0.021 7）	0.016 1 （0.022 1）	0.022 8 （0.020 6）	0.022 8 （0.021 0）
CEO 是否有海外背景 （*oversea*）	0.059 1* （0.031 6）	0.059 7* （0.031 6）	0.050 0 （0.031 0）	0.050 2 （0.031 1）
CEO 是否有金融背景 （*financial*）	0.030 4 （0.028 8）	0.034 5 （0.028 8）	0.014 3 （0.029 2）	0.018 1 （0.029 2）
CEO 是否持股 （*stock2*）	−0.016 2 （0.025 7）	−0.018 6 （0.026 6）	−0.018 7 （0.022 8）	−0.021 0 （0.023 7）
各地区政策支持力度 （*policy*）	—	—	−0.000 2 （0.002 7）	−0.000 3 （0.002 7）
各地区光缆线路长度的对数值 ［ln（*network*）］	—	—	0.311 0*** （0.078 1）	0.307 7*** （0.077 8）
企业规模的对数值，公司现金流，营业利润率，管理费用率，企业是否为大型公司控股 ［ln（*size*），*cashflow*，*OPM*，*managefee*，*bigfirm*］	控制	控制	控制	控制
常数项	1.808 5*** （0.554 5）	1.809 2*** （0.551 1）	2.527 9*** （0.464 3）	2.509 9*** （0.462 9）
观测值 / 样本对象的数量	112 6/262	112 6/262	112 6/262	112 6/262

注：括号内数字是回归系数的标准误差，*、**、*** 分别表示在 10%、5%、1% 的水平上显著。

4.4.5　稳健性检验

1. 替换因变量

在企业数字化转型的相关研究中，对数字化转型水平的测度一直没有统一的衡量指标和测度方法，本文借鉴楼永等所构建的中小企业数字化水平分词词库，利用 Python 的爬虫功能对样本企业的年报进行文本分析，然后计算出关键词占总字数的比例以表征其当年的数字化转型水平。但由于词库的完整度、适宜性以及单一的测度方法都具有一定的局限性，可能导致出现不稳健的结果。因此为检验基础回归结果的稳定性，本部分利用国泰安企业数字化转型数据库中的数字化应用和数字化成果两个指标替换原本的因变量对样本数据再次进行回归分析。数字化应用评分以企业数字化转型所带来的新兴集成技术、企业流程的升级和业态改变相关关键词在年报中出现的次数来衡量；数字化成果评分则是以企业参与国家、行业数字创新标准数量，当年发表数字创新论文数量，当年数字发明专利授权数量，当年数字创新资质认定数量，当年数字化相关国家级奖项数量五个二级指标构成，两个指标的评分均经过标准化处理和加权平均而得。

表 4–9 呈现了替换因变量后的回归结果，其中模型（1）、模型（3）未加入控制变量。相比而言，仅有个别自变量的作用方向发生了变化，其余结果则保持稳健。在以数字化成果为因变量的回归方程中，各地区政策支持力度（*policy*）和各地区光缆线路长度的对数值［ln（*network*）］对当地企业数字化转型具有明显的推动作用。在所有模型的回归结果中，企业数字化转型战略引领强度（*guide*）的对数值对企业数字化转型水平的促进效果都是显著的，验证了基础回归分析中主要结论的稳健性。

表 4–9　替换因变量的稳健性检验结果

变量	数字化应用		数字化成果	
	模型（1）	模型（2）	模型（3）	模型（4）
公司每年独立获得的专利数量 （*patent*）	0.000 1 （0.001 0）	0.000 0 （0.001 0）	−0.000 4 （0.000 5）	−0.000 5 （0.000 5）
企业数字基础设施水平的对数值 ［ln（*base*）］	−0.019 1 （0.062 8）	−0.019 9 （0.065 6）	−0.088 1*** （0.030 4）	−0.082 4** （0.032 2）
数字化转型战略引领强度的对数值 ［ln（*guide*）］	0.181 6** （0.078 8）	0.242 9*** （0.072 8）	0.086 4* （0.049 8）	0.098 6* （0.053 1）
企业年度资产收益率 （*ROA*）	0.017 9 （0.098 8）	−0.002 5 （0.105 7）	−0.028 7 （0.063 6）	−0.035 6 （0.068 9）
董事长是否为男性 （*male*）	−0.015 5 （0.070 7）	−0.065 5 （0.063 5）	0.021 4 （0.033 8）	0.034 5 （0.039 0）
董事长年龄 （*age*）	−0.005 2** （0.002 2）	−0.004 8** （0.002 1）	−0.002 2** （0.000 9）	−0.002 4** （0.001 1）
董事长是否拥有硕士研究生及以上学历 （*edu*）	−0.002 0 （0.043 4）	0.005 7 （0.044 9）	0.006 6 （0.019 6）	−0.002 8 （0.020 7）

续表 4-9

变量	数字化应用		数字化成果	
	模型（1）	模型（2）	模型（3）	模型（4）
高管是否持股 （*stock*）	-0.041 6 （0.048 2）	-0.005 8 （0.039 6）	0.016 3 （0.020 2）	0.016 4 （0.022 4）
各地区政策支持力度 （*policy*）	0.006 6 （0.004 4）	0.008 2* （0.004 5）	0.012 2*** （0.003 0）	0.012 2*** （0.003 0）
各地区光缆线路长度的对数值 [ln（*network*）]	-0.022 3 （0.078 0）	-0.042 7 （0.084 6）	0.706 7*** （0.048 0）	0.686 7*** （0.057 0）
企业规模的对数值 [ln（*size*）]	—	0.005 5 （0.036 1）	—	-0.012 1 （0.020 4）
企业是否为大型公司控股 （*bigfirm*）	—	-0.014 3 （0.012 2）	—	-0.000 6 （0.003 4）
公司现金流，资产负债率，管理费用率 （*cashflow*，*debt*，*managefee*）	—	控制	—	控制
常数项	3.433 8*** （0.396 7）	3.120 0*** （0.789 8）	0.919 1*** （0.197 8）	-0.676 5 （0.416 4）
观测值 / 样本对象的数量	121 2/273	117 3/270	121 2/273	117 3/270

注：括号内数字是回归系数的标准误差，*、**、*** 分别表示在 10%、5%、1% 的水平上显著。

2. 缩尾处理的再检验

在基础回归分析部分，为解决部分变量存在离群值的问题，本章在前半部分均对被解释变量中的企业数字化转型水平（*dig*）、企业年度资产收益率（*ROA*）、企业每年独立获得的专利数量（*patent*）以及控制变量中的公司现金流（*cashflow*）、管理费用率（*managefee*）和资产负债率（*debt*）进行了 5% 分位上双边缩尾处理。为了检验前文结论的稳健性，本部分仅对以上变量进行 1% 分位上双边缩尾处理，然后重复基础回归部分的模型对数据进行二次分析。通过表 4-10 的回归结果可以看出，在上述变量经过 1% 分位上双边缩尾处理后，前文的主要结论仍然是成立的：企业数字化转型战略引领强度（*guide*）的对数值对其数字化转型水平有着最显著的促进作用。

同时，与基础回归结果（表 4-5）相比，表 4-10 中企业数字基础设施水平（*base*）的对数值和企业年度资产收益率（*ROA*）的系数虽然有所减小，但仍在 10% 的水平上显著，与基础回归结果基本一致。且各地区光缆线路长度的对数值 [ln（*network*）] 的系数和显著性都变化不大，进一步验证了本章主要结论的稳健性。

表 4–10 缩尾处理的再检验结果

变量	模型（1）	模型（2）	模型（3）	模型（4）
公司每年独立获得的专利数量 （*patent*）	−0.002 1 （0.001 3）	−0.002 1 （0.001 5）	−0.001 8 （0.001 4）	−0.001 8 （0.001 4）
企业数字基础设施水平的对数值 ［ln（*base*）］	0.098 3 （0.083 7）	0.098 3 （0.084 1）	0.160 7* （0.086 3）	0.168 5* （0.086 6）
数字化转型战略引领强度的对数值 ［ln（*guide*）］	1.233 2*** （0.101 5）	1.233 2*** （0.145 9）	1.097 0*** （0.138 4）	1.086 6*** （0.140 4）
企业年度资产收益率 （*ROA*）	0.082 8 （0.219 3）	0.082 8 （0.163 7）	0.299 3* （0.172 0）	0.331 0* （0.171 8）
董事长是否为男性 （*male*）	−0.078 7 （0.113 4）	−0.078 7 （0.087 4）	−0.073 2 （0.077 0）	−0.065 6 （0.075 3）
董事长年龄 （*age*）	−0.000 1 （0.003 4）	−0.000 1 （0.005 2）	−0.001 0 （0.005 1）	−0.001 0 （0.005 2）
董事长是否拥有硕士研究生及以上学历 （*edu*）	0.069 9 （0.064 1）	0.069 9 （0.091 3）	0.051 6 （0.091 0）	0.050 6 （0.090 9）
高管是否持股 （*stock*）	0.083 8 （0.085 9）	0.083 8 （0.080 0）	0.076 8 （0.082 6）	0.073 6 （0.083 1）
企业规模的对数值 ［ln（*size*）］	0.134 0*** （0.045 8）	0.134 0* （0.081 2）	−0.001 5 （0.085 2）	−0.010 0 （0.085 4）
企业是否为大型公司控股 （*bigfirm*）	−0.052 7 （0.032 3）	−0.052 7** （0.023 9）	−0.056 4** （0.025 1）	−0.058 6** （0.025 0）
各地区政策支持力度 （*policy*）	—	—	0.006 7 （0.008 5）	0.003 2 （0.010 4）
各地区光缆线路长度的对数值 ［ln（*network*）］	—	—	0.505 1*** （0.156 1）	0.283 9 （0.310 3）
2016 年	—	—	—	−0.102 3 （0.124 7）
2017 年	—	—	—	−0.042 9 （0.085 0）
2018 年	—	—	—	−0.009 6 （0.055 1）
2019 年	—	—	—	−0.004 2 （0.045 9）
公司现金流，资产负债率，管理费用率 （*cashflow*，*debt*，*managefee*）	控制	控制	控制	控制
常数项	−4.147 0*** （1.031 6）	−4.147 0** （1.731 9）	−2.575 6 （1.638 8）	−1.561 1 （1.953 2）
观测值 / 样本对象的数量	1 135/264	1 135/264	1 135/264	1 135/264

注：括号内数字是回归系数的标准误差，*、**、*** 分别表示在 10%、5%、1% 的水平上显著。

4.5 研究结论

本章致力于研究当前影响中小企业进行数字化转型的主要因素，首先梳理了目前测度企业数字化转型水平的方法，然后在总结相关已有研究中的影响因素和分析框架的基础上，初步确定了本章的解释变量，并将其分为技术能力、战略引领、资金能力、政策支持和环境支撑五大类。通过实证研究得到以下结论：①各企业对数字化转型进行战略引领的强度是提高自身数字化水平的主要影响因素；②公司研发人员占比和地区数字化水平是决定企业数字化转型战略引领强度的关键因素，拥有更多研发人员和所在地区数字化水平更高的企业会更加重视数字化转型，从而加强战略引领；③在进行地区层面的异质性分析时发现，各地区数字化水平的提升对当地中小企业的数字化转型有明显的推动作用；④行业层面的异质性分析结果表明，部分解释变量对不同行业企业具有异质性影响，具体而言，企业数字基础设施水平对制造业企业数字化转型的影响更为显著。而高管是否持股则对信息传输、软件和信息服务业企业的数字化转型的影响更大。

根据以上结论，本章的主要政策启示如下。第一，就企业层面而言，中小企业要想提高自身的数字化水平，可以从加强战略引领入手，具体措施如设立首席信息官和首席数字执行官等，旨在从发展战略上进行顶层设计，破除组织层面上可能存在的障碍。同时，也可以通过加大数字人才投入和提高研发人员占比来促进企业数字化转型，不同行业的企业应根据自身生产运营方式，从人才、机器设备和软件系统等方面定制个性化的转型方案。第二，就国家层面而言，应持续推进我国数字基础设施建设，提高各地数字化和信息化水平。同时，应加强相关政策支持力度、完善数据安全政策法规、推动中小企业转型公共服务体系建设，为中小企业创建更良好的转型环境，缓解其“不愿转、不会转、不敢转”的困境。

第5章

中小企业数字化转型对企业绩效的影响——基于A股制造业上市公司的实证研究

5.1 研究背景

5.1.1 数字经济发展现状

《全球数字经济白皮书（2022年）》表明，2021年全球47个重要经济体数字经济占GDP的比重超过45%，数字经济的地位不断提升。

中国的数字经济规模在2021年达到7.1万亿美元，在全球仅次于美国。为了在新一轮的竞争中继续保持领先地位，中国加快部署顶层设计。2022年发布的《"十四五"数字经济发展规划》，为数字经济发展提供指导；党的二十大报告强调建设数字中国，打造具有国际竞争力的数字产业集群；2023年发布的《数字中国建设整体布局规划》指出，要夯实数字中国建设基础，支持数字企业发展壮大。

5.1.2 企业数字化转型

作为数字经济核心环节的产业数字化是我们关注的重点。中国信息通信研究院的研究表明，产业数字化的基础作用不断发力，产业数字化发展进入加速轨道。2021年，我国产业数字化规模达到37.2万亿元，同比增长17.2%，占GDP的比重为32.5%。

产业数字化的过程微观上也是企业数字化转型的过程。企业的经营活动和商业模式通过数字技术进行升级和转型，打造数字化产品、服务和商业模式，提高企业的创新能力和生产力。

政府近年来出台的一系列政策支持为中小企业数字化转型提供了良好的环境。2022年工业和信息化部印发了《中小企业数字化转型指南》，提出了一系列扶持中小企业数字化转型发展的具体措施和政策，包括优化营商环境、降低税负等。中小企业要发挥主动性，积极抓住数字化转型的机遇，全面深入推进数字化转型，加强创新和研发，为实现数字强国的目标共同努力。

5.2 文献综述

5.2.1 数字化转型对企业的影响

数字化可以对个人、企业、行业、政府等不同的主体产生不同方面的影响。本部分将侧重点放在数字化转型对企业的影响上，相关研究主要分为定性的理论研究和利用微观数据进行的实证研究。

企业数字化转型是产业数字化的微观过程，普遍认为产业数字化是数字技术、要素对传统产业的业务进行升级的过程。

对企业数字化转型的衡量上大多使用文本分析法，即使用软件抓取关键词分析企业的年报。此外，张永珅等用数字化无形资产占总无形资产的比重来衡量数字化转型水平。在地区层面上，北京大学数字惠普金融指数常被用作代理变量，赵涛等利用主成分法构造了地区的数字经济指标。

企业数字化转型可以通过推动企业内部结构的变革，从组织结构、营销模式、生产模式、产品设计、研发模式、用工模式六个方面为企业赋能，使得整个内部结构更有效率。

在实证分析方面，刘淑春等发现数字化管理可以提高投入产出效率；袁淳等通过分析上市企业的微观数据发现，外部交易成本的降低能够促进企业分工，提高全要素生产率；杨德明等发现企业通过实现差异化而非成本领先来促进企业业绩提升。

在其他方面，还有研究数字化转型对企业财务风险的影响、对企业社会责任的影响以及对商业模式创新的影响。

5.2.2 数字化转型与中小企业

在企业数字化转型的研究中，相比国有企业等大型企业，关于中小企业数字化转型的研究较少。受限于数据可得性，对中小企业数字化转型的研究方法主要分为三种：第一是通过构建理论框架进行定性分析；第二是通过分析典型案例进行讨论和总结，或者通过问卷调查、追踪调查收集中小企业信息并进行相关研究；第三是依据上市公司提供的公开信息，对中小板、创业板和科创板的企业样本进行相关定量研究。在研究方向上，已有研究主要涉及中小企业数字化转型面临的问题、转型的动力、转型效果的影响因素以及转型对生产、销售等的影响。

中小企业在数字化转型的过程中可能会存在对转型认知不足，基础薄弱，难以应付市场竞争压力等问题，而满足需求和降低成本是转型的主要驱动因素；王瑶瑶等认为中小企业数字化要注重长远的合作共赢关系，提供以顾客为中心的个性化服务；张新等通过问卷调查收集了 180 家中小企业信息，并利用 TOE 理论研究数字化转型路径，指出技术基础、管理能力、组织战略和政府政策支持等是影响企业数字化转型的重要因素。

裘莹等认为网络平台重构了价值链结构，数字经济可以帮助中小企业连接价值网络，通过拓展融资渠道、缓解信息不对称、学习新模式与知识，从运输、收集信息等方面降低交易成本；蔡清龙等通过案例分析，指出数字化能促进企业的盈利能力提升、存货周转率加快。张正平等通过分析创业板的数据，发现数字金融能够有效提升中小企业的经营效率。王慧等通过抽样调查发现，数字化能够通过推动员工的有效学习加强组织韧性，提升创新效率。

本章的贡献在于：第一，将研究重点放在被关注度较低的中小企业上，研究制造业中小企业数字化转型的绩效，通过使用工具变量等方法解决内生性问题，验证了数字化转型对于企业绩效提升具有积极促进作用；第二，将固定资产周转率作为中介变量进一步分析了数字化转型对绩效影响的传导机制，发现固定资产周转率具有完全中介作用；第三，对中小企业的规模和产权进行了异质性分析，为制造业中小企业更好地进行数字化转型提出了针对性建议。

5.3 理论分析与研究假说

根据前文的文献综述，可以发现数字经济总体上为微观企业主体提供了各种发展机遇。尽管在转型的过程中会遇到很多困难与挑战，但数字化转型已经成为必然趋势。

在绩效方面，数字化可以从资源获得、生产、物流、销售、组织结构优化和战略策略制定、知识管理等环节为企业提供便利，提升效率。

在生产方面，数字化转型可以降低企业的交易成本、信息成本、融资成本，拓展资源获得的渠道，使生产趋向模块和柔性化、研发设计趋向开源化，有利于激发企业的创新活力。

在营销方面，数字化转型可以帮助企业嵌入数字网络，利用信息平台扩大销售，借助大数据精准营销，树立品牌，挖掘和满足长尾需求，为企业创造更多的利润与价值。

在组织结构、竞争战略、人力资源、财务管理等其他方面，数字化转型可以为企业节省时间，减少浪费。

综上所述，本章提出以下两个假设：

假设一：中小企业的数字化转型能够提高企业的绩效；

假设二：中小企业的数字化转型通过促进生产效率提升来提高企业绩效。

5.4　数据与模型

5.4.1　变量设计

本章的主要研究对象是制造业中小企业，研究的时间范围为 2011—2019 年。借鉴何叶田的研究方法，考虑到数据的可得性和我国资本市场的多级结构，本章以上市板块为划分标准，将原中小板、创业板和科创板中的上市企业作为研究对象，并将其定义为“中小企业”。其次，考虑到不同行业的差别较大，影响因素也不同，为了减少行业差异带来的偏误，本章参考李小忠的做法，将研究对象集中在制造业中小企业。同时本章在回归分析时将数据进行了以下处理：剔除 ST、*ST、PT 等状态异常的公司，对样本数据进行了双侧 1% 水平的缩尾。主要变量见表 5–1。

表 5–1　主要变量

变量类型	变量名称	变量符号	定义
被解释变量	托宾 Q 值	*TobinQ*	市值 / 总资产
解释变量	数字化转型水平	*Digital*	数字化转型水平指标加 1 后取自然对数
控制变量	总资产	*Asset*	企业总资产的自然对数
	上市年限	*Age*	企业上市年龄加 1 后取自然对数
	员工数量	*Staff*	企业员工数量的自然对数
	资产负债率	*Lev*	总资产 / 总负债
	股权集中度	*Owncon1*	第一大股东持股比例
	资产增长率	*Growth*	（资产总计$_t$—资产总计$_{t-1}$）/ 资产总计$_{t-1}$
中介变量	固定资产周转率	*Turnover*	营业收入 / 固定资产期末净额

本章的被解释变量选择了常用来衡量企业价值的托宾 Q 值。相比其他财务指标，托宾 Q 值能更好地反映长期价值，更好地体现企业的发展潜力。

本章的主要解释变量是数字化转型水平，该解释变量通过统计人工智能技术、区块链技术、云计算技术、大数据技术和数字技术应用等相关词语在上市公司年报中出现的频次来衡量。相关数据来源于中国经济金融研究数据库（CSMAR）。

本章在控制变量的选择过程中参考了何帆等、周骁等文章，最终选择将总资产、上市年限、员工数量、资产负债率、股权集中度和资产增长率作为控制变量。

为了更好地研究数字化转型影响中小企业绩效的机制，本章将固定资产周转率作为效率的代理变量，研究数字化转型通过此途径对绩效的影响。

5.4.2 描述性统计与数字化转型特点

1. 变量描述性统计

主要变量的描述性统计如表 5-2 所示。被解释变量的托宾 Q 值的均值为 2.13，最小值为 0.99，最大值为 7.53，表明制造业中小企业之间有一定的绩效差距；中小企业的数字化转型水平在内部也呈现出较大差距，从 0 到 120 均有分布。为了保证模型的稳定性，本章对数字化转型、总资产、上市年限等变量进行了对数化处理。

表 5-2 变量描述性统计

变量	样本量	均值	标准差	最小值	中位数	最大值
托宾 Q 值	8 586	2.13	1.17	0.99	1.74	7.53
数字化转型水平	8 586	1.19	1.31	0	0.69	4.7
总资产	8 586	21.55	0.88	19.9	21.46	24.07
上市年限	8 586	1.51	0.72	0	1.61	2.64
员工数量	8 586	7.32	0.94	5.34	7.28	9.92
资产负债率	8 586	0.33	0.18	0.04	0.31	0.76
股权集中度	8 586	33.06	13.5	9.58	31.03	69.99
资产增长率	8 586	0.25	0.41	−0.27	0.12	2.37
固定资产周转率	8 586	4.16	4.81	0.51	2.75	33.53

2. 时间趋势

中小企业数字化转型的时间趋势，如图 5-1 所示。可以看出，2011—2019 年数字化转型呈明显上升趋势。并且在之后的 2013—2014 年、2014—2018 年呈加速发展趋势，尽管后期有放慢的迹象，但数字化转型水平在整体上已经达到较高的水平。尽管在 2019 年之后受到新冠疫情的不利影响，但企业数字化转型仍在进步。2020 年以来，新冠疫情对中小企业的数字化转型带来两个方面的影响，一方面新冠疫情使企业停工停产，另一方面新冠疫情也使得各种线上空间和场景得到有效的延伸，中小企业进行数字化转型的机会更多。

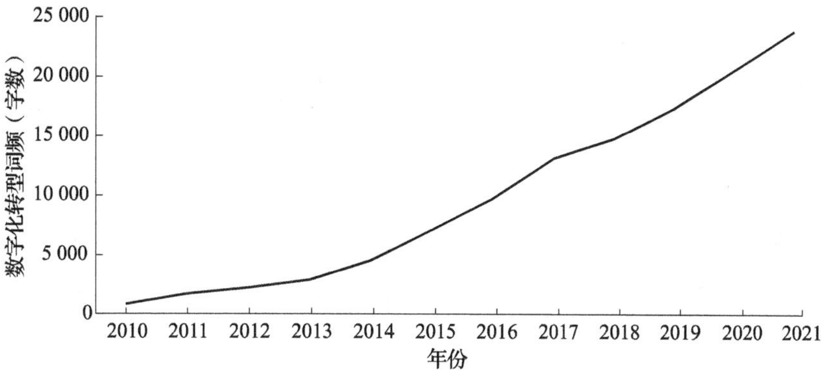

图 5-1　数字化转型时间趋势

3. 行业分布

本章选取了在制造业中数字化转型水平前 15 名的细分行业，中小企业数字化转型的行业分布特点如图 5-2 所示。可以看出，计算机、通信和其他电子设备制造业的数字化转型水平稳居第一位，超出居于第二位的电气机械及器材制造业一倍以上。同时，仪器仪表制造业、专用设备制造业和通用设备制造业的数字化转型水平也相对较高，说明数字作为一种新兴要素正在与传统产业不断地紧密结合。

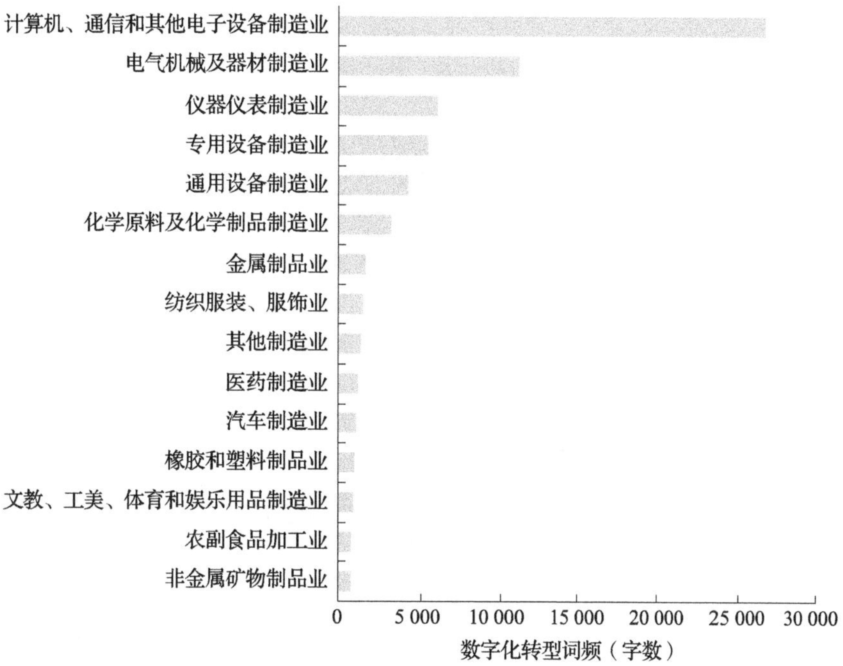

图 5-2　数字化转型行业分布

4. 地区分布

从图 5-3（a）来看，东部地区的企业数量明显多于其他三个地区。由于数字化转型需要依靠数字和网络基础设施，并依赖一定的市场，因此从制造业中小企业数字化转型的地区分布来看，数字化转型水平明显与地区发达程度相关。东部地区企业数量最多、数字化转型水平高，其次是中部地区，再次是西部地区，最后是东北地区。

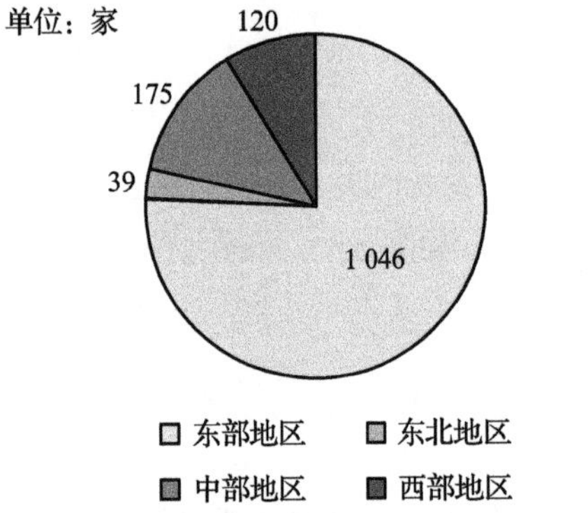

（a）不同地区企业数量分布（未缩尾）

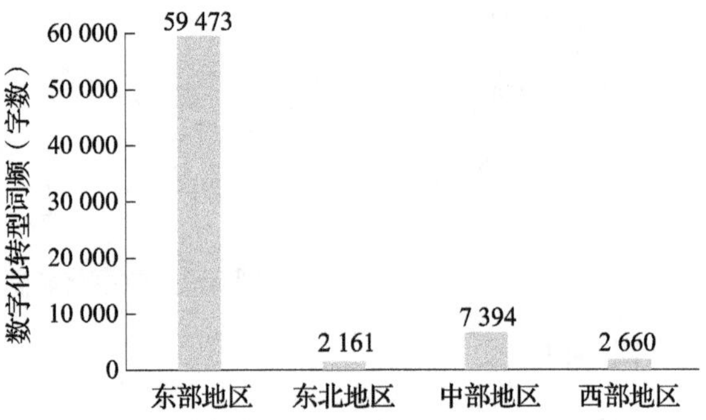

（b）不同地区企业数字化词频分布（未缩尾）

图 5-3　数字化转型地区分布

5.4.3　计量模型

本章使用的是上市公司 2011—2019 年的面板数据。为了更好地解决由不随时间变化的因素造成的偏误，本章选择用固定效应模型进行回归分析，考虑到每年的经济状况有所差异，还同时控制了年份效应。在进行稳健性检验的过程中，本章进一步使用工具变量来解决内生性问题。基本模型设定如下：

$$Y_{it}=\gamma_0+\gamma_1 \cdot Digital_{it}+\gamma_2 \cdot X_{it}+\delta_i+\delta_t+\varepsilon_{it}$$

其中：Y_{it} 代表企业绩效（在本章中以托宾 Q 值来反映），$Digital_{it}$ 代表企业数字化转型的水平，X_{it} 代表控制变量，δ_i 代表企业个体固定效应，δ_t 代表年份固定效应，ε_{it} 代表随机误差项。

5.5　回归结果分析

5.5.1　基准回归

表 5-3 展示了四个回归结果，其中模型（1）、模型（2）是随机效应结果，模型（3）、模型（4）是固定效应结果，其中模型（2）、模型（4）加入了年份固定效应。可以看出在模型（1）、模型（2）、模型（3）中数字化转型水平都是在 1% 的水平上显著，模型（4）的回

归结果表明数字化转型对企业绩效的影响在 10% 的水平上显著，初步验证了假设一，说明中小企业的数字化转型能够在一定程度上提高企业的绩效。

除了核心解释变量之外，通过模型（4）的回归结果可以看出，总资产在 1% 水平上与托宾 Q 值负相关，这主要是因为托宾 Q 值本身的含义是市值除以总资产，总资产越大，其重置成本越高。企业的上市年限在 1% 水平上与托宾 Q 值正相关，说明企业的上市年限越久能够获得的发展经验和渠道也越多，发展更加稳健。

对随机效应与固定效应进行比较的豪斯曼检验，统计量结果为 224.52，P 值接近 0，在 1% 的水平上拒绝原假设，可以认为使用固定效应模型估计更加有效。

表 5-3　基准回归

变量	模型（1）	模型（2）	模型（3）	模型（4）
	随机效应		固定效应	
	托宾 Q 值	托宾 Q 值	托宾 Q 值	托宾 Q 值
数字化转型水平	0.080*** （0.000）	0.040*** （0.002）	0.080*** （0.000）	0.029* （0.085）
总资产	−0.581*** （0.000）	−0.611*** （0.000）	−0.922*** （0.000）	−0.788*** （0.000）
员工数量	0.022 （0.420）	0.017 （0.521）	0.098* （0.087）	0.006 （0.892）
上市年限	0.675*** （0.000）	0.530*** （0.000）	0.853*** （0.000）	0.789*** （0.000）
资产负债率	−0.647*** （0.000）	−0.386*** （0.000）	−0.232 （0.173）	0.027 （0.849）
股权集中度	0.001 （0.284）	0.001 （0.386）	−0.007** （0.011）	−0.006** （0.031）
资产增长率	0.223*** （0.000）	0.015 （0.532）	0.299*** （0.000）	0.049* （0.062）
常数项	13.502*** （0.000）	13.986*** （0.000）	20.153*** （0.000）	17.794*** （0.000）
年份固定	否	是	否	是
样本量	8 586	8 586	8 586	8 586
R^2	—	—	0.121 6	0.454 2

注：*、**、*** 分别表示在 10%、5%、1% 的水平上显著。

5.5.2 稳健性分析

1. 工具变量估计

尽管双向固定模型可以较好地解决由不随时间变化的因素带来的偏误，但是仍然无法解决核心解释变量可能存在的内生性问题。数字化转型水平和企业绩效可能会相互影响，其他没有观测的信息也可能会对二者产生影响，造成内生性问题。因此在进行稳健性检验的过程中，本部分尝试使用工具变量来解决可能存在的内生性问题。

在工具变量的选择上，何帆等使用了上一期数字化转型水平作为工具变量来研究数字化为实体企业赋能的效果。金杭铖将行业年度数字化水平的均值作为工具变量，研究了数字化对企业绩效的影响。黄群慧等在研究互联网发展对制造业生产率的提升作用时，将 1984 年城市层面每百人固定电话数量和每百万人邮局数量作为工具变量。周骁等借鉴黄群慧等的做法，采用滞后一期城市互联网用户与 1999 年市级万人电话用户数的交叉项来研究数字化对企业利润率影响。

本章主要借鉴黄群慧的做法，选用相应的工具变量。一方面，从 20 世纪 90 年代后期开始，数字要素逐渐向产业渗透，2000 年进入数字化新时代，互联网用户和移动电话的数量能够在一定程度上体现地区的数字化水平，与企业数字化转型具有一定的相关性；另一方面，宽带和移动电话的数量能够反映个人需求，与企业业绩没有直接关系，满足外生性条件。考虑到固定效应能够将不随时间变化的因素消除，因此将城市各年互联网用户数量分别与 2001 年每百人互联网用户数和 2001 年每百人移动电话数量构建交叉项，共同作为数字化转型的工具变量 1。

本部分数据来源于 2001—2002 年和 2011—2019 年的《中国城市统计年鉴》，2001 年是统计年鉴首次记录了城市互联网用户数和移动电话数量的时间，在此之前只记录了邮局数量和固定电话户数。为了验证和比较工具变量的有效性，本部分分别将 2000 年每百人固定电话户数和 2000 年每百万人邮局数量与城市各年互联网用户数量构建交叉项并作为替代性的工具变量 2 进行回归。

工具变量回归的结果如表 5–4 所示，其中模型（1）、模型（2）所选择的工具变量是城市各年互联网用户数量与 2001 年每百人互联网用户数和 2001 年每百人移动电话数量的交叉项，模型（3）、模型（4）所选择的工具变量是 2000 年每百人固定电话户数和 2000 年每百万人邮局数量与城市各年互联网用户数的交叉项。在没有加入年份固定效应之前，模型（1）、模型（3）都显示数字化转型水平在 1% 的显著性水平上对托宾 Q 值产生了正向的影响；在加入了年份固定效应之后，模型（2）、模型（4）显示数字化转型水平仍然在 10% 的显著性水平上对托宾 Q 值有正向的影响。除了在前文基础回归中同样显著的总资产和企业的上市年限以外，使用工具变量回归后发现企业的资产负债率在 10% 水平上显著，对托宾 Q 值有正向的影响，说明企业适当地进行负债经营有利于提高企业绩效和价值。

表 5-4　工具变量估计

变量	模型（1）	模型（2）	模型（3）	模型（4）
	工具变量 1		工具变量 2	
	托宾 Q 值	托宾 Q 值	托宾 Q 值	托宾 Q 值
数字化转型水平	3.270*** （0.000）	0.934* （0.061）	2.304*** （0.000）	0.770* （0.096）
总资产	−2.518*** （0.000）	−1.161*** （0.000）	−2.101*** （0.000）	−1.114*** （0.000）
员工数量	0.417*** （0.007）	0.063 （0.312）	0.291*** （0.009）	0.031 （0.575）
上市年限	−0.528 （0.171）	0.619*** （0.000）	−0.048 （0.869）	0.667*** （0.000）
资产负债率	0.764 （0.104）	0.293* （0.091）	0.665* （0.079）	0.359* （0.053）
股权集中度	0.017* （0.095）	−0.004 （0.349）	0.004 （0.584）	−0.006* （0.100）
资产增长率	0.065 （0.566）	0.021 （0.595）	0.135 （0.138）	0.029 （0.460）
年份固定	否	是	否	是
样本量	6 782	6 782	6 241	6 241

注：*、**、*** 分别表示在 10%、5%、1% 的水平上显著。

对第一组工具变量做进一步的验证，在过度识别检验中，Hansen J 统计量的值为 0.147，P 值为 0.7，无法拒绝原假设，因此认为工具变量统计上满足外生性条件。在第一阶段回归中，两个工具变量的联合 F 值为 4.12，P 值在 5% 的水平上拒绝其与解释变量无关的原假设，满足相关性条件。

2. 有限信息最大似然法（LIML）和广义矩估计法（GMM）

在上文的工具变量检验中，尽管第一阶段的 F 值可以在 5% 水平上说明工具变量与解释变量显著相关，但在弱工具变量检验中，Cragg-Donald Wald F 统计值为 5.814，没有达到要求的临界值，说明可能存在弱工具变量，因此使用对弱工具变量更不敏感的有限信息最大似然法对模型再次进行回归检验，回归结果见表 5-5 中的模型（1）、模型（2）。在满足过度识别和不可识别检验的基础上，Cragg-Donald Wald F 统计值为 13.195，超过在 15% 水平上的临界值（8.96），说明工具变量有效。

表 5-5　LIML 和 GMM 估计的回归结果

变量	模型（1）	模型（2）	模型（3）	模型（4）
	LIML		GMM	
	托宾 Q 值	托宾 Q 值	托宾 Q 值	托宾 Q 值
数字化转型水平	3.521*** (0.000)	0.944* (0.062)	3.265*** (0.000)	0.941* (0.059)
总资产	−2.638*** (0.000)	−1.165*** (0.000)	−2.498*** (0.000)	−1.165*** (0.000)
员工数量	0.442*** (0.008)	0.064 (0.311)	0.406*** (0.008)	0.065 (0.301)
上市年限	−0.646 (0.144)	0.618*** (0.000)	−0.530 (0.169)	0.618*** (0.000)
资产负债率	0.834 (0.102)	0.295* (0.092)	0.744 (0.113)	0.294* (0.090)
股权集中度	0.020* (0.089)	−0.004 (0.360)	0.018* (0.086)	−0.004 (0.351)
资产增长率	0.046 (0.712)	0.020 (0.602)	0.060 (0.599)	0.021 (0.592)
年份固定	否	是	否	是
样本量	6 782	6 782	6 782	6 782

注：*、**、*** 分别表示在 10%、5%、1% 的水平上显著。

同时，考虑到可能存在的异方差性使广义矩估计法更加有效率，本部分再次使用两阶段广义矩估计法对模型进行了检验，回归结果见表 5-5 中的模型（3）、模型（4）。与两阶段最小二乘法的结果相似，在加入了年份固定效应之后，数字化转型水平在 10% 的水平上提高了企业的绩效，进一步说明了结果的稳健性。

5.6 机制分析

通过上述分析可以确定数字化转型对企业绩效存在影响，但无法得知其中传导的途径。探究核心变量影响被解释变量的机制与途径，通常采用中介效应的方法。温忠麟在心理学研究方面所介绍的中介效应及其模型与方法被众多学者引用，有效地推动了该方法在各类社科领域的使用。中介效应模型的三步分析法的操作简单，含义明确，可以较为清楚地呈现核心变量通过中介变量影响被解释变量的机制与途径。为了进一步探讨数字化转型对制造业中的上市中小企业绩效影响的机制，本部分也采用中介效应三步分析方法进行机制分析。模型如下：

$$Y=c \cdot X+e1 \tag{5-1}$$

$$M=a \cdot X+e2 \tag{5-2}$$

$$Y=c' \cdot X+b \cdot M+e3 \tag{5-3}$$

本部分使用固定资产周转率作为生产效率的代表，即模型中的 M，中介效应需要 c、a、b 都显著。其中如果公式（5–1）中的 c 从显著变为公式（5–3）中的 c' 不显著，则说明核心变量经由中介变量 M 的传导效应明显，此时也被称作完全中介效应。

在具体数值上，c 是核心变量对解释变量的总效应，a 是核心变量对中介变量 M 的影响，中介变量 M 再通过系数 b 对被解释变量产生影响，而 c' 是控制了中介变量 M 后 X 对 Y 的直接影响，相应地，a、b 就是 X 对 Y 的间接影响，也是我们要研究的中介效应。总效应等于两种影响的加总，即：

$$c=c'+a \cdot b \tag{5-4}$$

基于上述讨论，本部分采用了固定资产周转率作为中介变量，依次进行了三步回归，模型（1）、模型（2）、模型（3）分别对应上述介绍中中介效应的三个步骤，回归结果如表 5–6 所示。

表 5–6　中介效应估计

变量	模型（1）	模型（2）	模型（3）
	托宾 Q 值	固定资产周转率	托宾 Q 值
数字化转型水平	0.029* （0.085）	0.164* （0.056）	0.026 （0.118）
固定资产周转率	—	—	0.019*** （0.000）
总资产	0.006 （0.892）	−1.091*** （0.002）	0.027 （0.557）
员工数量	0.789*** （0.000）	−1.885*** （0.000）	0.824*** （0.000）
上市年限	0.027 （0.849）	0.105 （0.886）	0.025 （0.860）
资产负债率	−0.006** （0.031）	−0.026* （0.094）	−0.005** （0.045）

续表 5-6

变量	模型（1）	模型（2）	模型（3）
	托宾 Q 值	固定资产周转率	托宾 Q 值
股权集中度	0.049* （0.062）	0.304** （0.038）	0.044* （0.093）
资产增长率	17.794*** （0.000）	−3.980 （0.454）	17.868*** （0.000）
年份固定	是	是	是
样本量	8 586	8 586	8 586
R^2	0.454 2	0.058 1	0.457 3

注：*、**、*** 分别表示在 10%、5%、1% 的水平上显著。

从模型（1）的回归结果中可以看出数字化转型水平在 10% 的水平上对托宾 Q 值产生显著影响，系数为 0.029，符号为正。模型（2）的回归结果显示数字化转型水平在 10% 的水平上对固定资产周转率产生显著，系数为 0.164，符号为正。模型（3）在控制了固定资产周转率之后，发现固定资产周转率在 1% 水平上显著，系数为 0.019，符号为正，同时数字化转型水平对托宾 Q 值的影响不再显著，系数也从 0.029 下降到 0.026，符合上述介绍中的完全中介效应。进一步分析对中介效应至关重要的系数乘积，核心变量数字化转型水平对中介变量的影响系数（0.164）乘以中介变量的系数（0.019），得到了数字化转型水平对托宾 Q 值的间接影响为 0.003 116，加上数字化转型水平对托宾 Q 值的直接影响 0.026，总值为 0.029 116，与模型（1）得到的总效应十分近似。可以认为，制造业中小企业的数字化转型水平对企业绩效的影响主要是通过固定资产周转率这一中介变量完成的。本章也尝试了其他可能中介变量，但均不显著。

固定资产周转率主要衡量的是固定资产（例如厂房和机械设备等）的使用效率。本章的研究对象是制造业中小企业，相比其他行业的企业，固定资产的投入对制造业企业更为重要，制造业企业的数字化转型主要依靠数字要素与各种生产设备的结合，达到提高生产效率的作用，企业的绩效和价值也在不断得到提升。戚聿东等认为在数字经济时代，生产模式趋于模块化和柔性化，可以更加灵活地进行生产，满足顾客的各种个性化需求，一方面可以刺激需求端，促进营业收入的提高，另一方面可以提高设备的使用效率，可以根据客户的需要生产，减少了设备大规模空置的可能性，这两方面的因素共同促进了固定资产周转率的提升。陈银飞等认为数字化使得企业发展出现“轻资产化”的新特征，信息不对称减少，交易成本降低，打破了纵向发展的边界，通过平台、外包等方式能够拥有更多获取资源的渠道，从而实现轻资产运营。总之，数字化转型可以为制造业企业赋能，使得固定资产周转率提高。

5.7　异质性分析

5.7.1　规模异质性

本部分进一步分析制造业中小企业数字化转型影响企业绩效的规模异质性。考虑到数据可得性，本章在上文中以上市板块为划分标准，将原中小板、创业板和科创板的中上市企业作为研究对象，并将其定义为“中小企业”。但实际上其内部的规模差异很大，同时以该标准进行划分存在一定的偏误。原因在于进入中小板的企业能够在上市后逐渐发展，并成为大规模企业。2021 年 4 月，深圳证券交易所的中小板与主板合并，为中小板企业进一步发展打下了基础。

基于此，本部分参考国家统计局制定的《统计上大中小微型企业划分办法（2017）》（以下简称《划分办法（2017）》）对所研究的中小企业进一步分类（见表 5-7），探讨中小企数字化转型对企业绩效影响的异质性。在经过统计分类后的制造业企业中，只有 3 家企业属于统计上的小型企业，不存在微型企业，研究对象大部分属于中型企业和大型企业。由于统计上的小型企业样本量过少，因此在进行规模异质性分析时忽略不计，只探讨中型企业和大型企业之间的差异。

表 5-7　统计上大中小微型企业划分标准

行业名称	指标名称	计量单位	大型企业	中型企业	小型企业	微型企业
农、林、牧、渔业	营业收入（Y）	万元	Y≥20 000	500≤Y<20 000	50≤Y<500	Y<50
工业	从业人员（X）	人	X≥1 000	300≤X<1 000	20≤X<300	X<20
	营业收入（Y）	万元	Y≥40 000	2 000≤Y<40 000	300≤Y<2 000	Y<300
建筑业	营业收入（Y）	万元	Y≥80 000	6 000≤Y<80 000	300≤Y<6 000	Y<300
	资产总额（Z）	万元	Z≥80 000	5 000≤Z<80 000	300≤Z<5 000	Z<300

续表 5-7

行业名称	指标名称	计量单位	大型企业	中型企业	小型企业	微型企业
批发业	从业人员（X）	人	X≥200	20≤X<200	5≤X<20	X<5
	营业收入（Y）	万元	Y≥40 000	5 000≤Y<40 000	1 000≤Y<5 000	Y<1 000
零售业	从业人员（X）	人	X≥300	50≤X<300	10≤X<50	X<10
	营业收入（Y）	万元	Y≥20 000	500≤Y<20 000	100≤Y<500	Y<100
交通运输业	从业人员（X）	人	X≥1 000	300≤X<1 000	20≤X<300	X<20
	营业收入（Y）	万元	Y≥30 000	3 000≤Y<30 000	200≤Y<3 000	Y<200
仓储业	从业人员（X）	人	X≥200	100≤X<200	20≤X<100	X<20
	营业收入（Y）	万元	Y≥30 000	1 000≤Y<30 000	100≤Y<1 000	Y<100
邮政业	从业人员（X）	人	X≥1 000	300≤X<1 000	20≤X<300	X<20
	营业收入（Y）	万元	Y≥30 000	2 000≤Y<30 000	100≤Y<2 000	Y<100
住宿业	从业人员（X）	人	X≥300	100≤X<300	10≤X<100	X<10
	营业收入（Y）	万元	Y≥10 000	2 000≤Y<10 000	100≤Y<2 000	Y<100
餐饮业	从业人员（X）	人	X≥300	100≤X<300	10≤X<100	X<10
	营业收入（Y）	万元	Y≥10 000	2 000≤Y<10 000	100≤Y<2 000	Y<100
信息传输业	从业人员（X）	人	X≥2 000	100≤X<2 000	10≤X<100	X<10
	营业收入（Y）	万元	Y≥100 000	1 000≤Y<100 000	100≤Y<1 000	Y<100

续表 5-7

行业名称	指标名称	计量单位	大型企业	中型企业	小型企业	微型企业
软件和信息技术服务业	从业人员（X）	人	$X \geqslant 300$	$100 \leqslant X<300$	$10 \leqslant X<100$	$X<10$
	营业收入（Y）	万元	$Y \geqslant 10\ 000$	$1\ 000 \leqslant Y<10\ 000$	$50 \leqslant Y<1\ 000$	$Y<50$
房地产开发经营	营业收入（Y）	万元	$Y \geqslant 200\ 000$	$1\ 000 \leqslant Y<200\ 000$	$100 \leqslant Y<1\ 000$	$Y<100$
	资产总额（Z）	万元	$Z \geqslant 10\ 000$	$5\ 000 \leqslant Z<10\ 000$	$2\ 000 \leqslant Z<5\ 000$	$Z<2\ 000$
物业管理	从业人员（X）	人	$X \geqslant 1\ 000$	$300 \leqslant X<1\ 000$	$100 \leqslant X<300$	$X<100$
	营业收入（Y）	万元	$Y \geqslant 5\ 000$	$1\ 000 \leqslant Y<5\ 000$	$500 \leqslant Y<1\ 000$	$Y<500$
租赁和商务服务业	从业人员（X）	人	$X \geqslant 300$	$100 \leqslant X<300$	$10 \leqslant X<100$	$X<10$
	资产总额（Z）	万元	$Z \geqslant 120\ 000$	$8\ 000 \leqslant Z<120\ 000$	$100 \leqslant Z<8\ 000$	$Z<100$
其他未列明行业	从业人员（X）	人	$X \geqslant 300$	$100 \leqslant X<300$	$10 \leqslant X<100$	$X<10$

从表 5-8 所示的描述性统计结果中可以看到，中型企业的托宾 Q 值平均更高，但数字化转型水平不如大型企业。

表 5-8　不同规模企业特征差异

企业类型	中型企业	大型企业
托宾 Q 值	2.366	1.987
数字化转型水平	1.006	1.246
资产负债率	0.250	0.377
股权集中度	32.628	33.308
资产增长率	0.285	0.230
总资产	20.893	21.929
员工数量	6.373	7.863
上市年限	1.212	1.683

把参考《划分办法（2017）》重新进行分类的中型企业与大型企业分别回归，结果如表 5-9 所示，模型（1）、模型（2）为大型企业的回归结果，模型（3）、模型（4）为中型企业的

回归结果。回归结果表明，在大型企业中，数字化转型水平在 10% 的置信水平上对托宾 Q 值产生显著的正向影响，但在中型企业中，数字化转型水平对企业绩效的提升作用并不显著。第（4）列回归中，数字化转型水平指标的系数反而出现了负值，表明数字化转型对企业绩效存在促进作用的可能性更小。通过进一步观察控制变量的系数可以发现，除了总资产和上市年限依旧显著地分别对托宾 Q 值产生消极和积极影响之外，对于规模更小的中型企业而言，资产增长的速度更加重要。对于大型企业而言，股权集中度和成长速度不再是显著影响因素。

表 5-9 规模异质性

变量	模型（1）	模型（2）	模型（3）	模型（4）
	大型企业		中型企业	
	托宾 Q 值	托宾 Q 值	托宾 Q 值	托宾 Q 值
数字化转型水平	2.571*** （0.000）	0.721* （0.079）	−1.878 （0.563）	−0.634 （0.510）
总资产	−2.271*** （0.000）	−0.987*** （0.000）	−0.344 （0.825）	−0.881** （0.043）
员工数量	0.150 （0.371）	0.161** （0.018）	−0.241 （0.694）	−0.244 （0.208）
上市年限	−0.298 （0.330）	0.563*** （0.000）	1.938 （0.149）	1.252*** （0.000）
资产负债率	−0.046 （0.922）	0.121 （0.538）	−1.387 （0.425）	−0.466 （0.341）
股权集中度	0.010 （0.211）	−0.003 （0.357）	−0.071 （0.102）	−0.024** （0.014）
资产增长率	0.438*** （0.000）	0.059 （0.263）	0.545 （0.152）	0.192*** （0.003）
年份固定	否	是	否	是
样本量	4 202	4 202	2 398	2 398

注：*、**、*** 分别表示在 10%、5%、1% 的水平上显著。

5.7.2 产权异质性

本部分进一步对制造业中小企业数字化转型影响企业价值的产权异质性进行分析。将总体样本分为国有企业和非国有企业两组，首先对两组数据进行描述性分析，各个变量的均值结果如表 5-10 所示。从解释变量和被解释变量来看，非国有中小企业的数字化转型水平整体上高于国有中小企业，非国有中小企业的托宾 Q 值也高于国有中小企业。而国有中小企业的总资产规模更大，员工数量更多，资产负债率更高，股权集中度更高，企业的上市年限也更长，总体而言发展得更加成熟。非国有中小企业的资产增长率要高于国有中小企业。虽然非国有中小企业在资产、员工等总体规模上不如国有中小企业，但非国有中小企业表现出更强大的成长能力和发展潜力。通过上文对固定资产周转率的中介效应分析，结合非国有中小企业资产增长率平均水平更高的结论，可以合理推测，非国有中小企业可能通过固定资产的更新换代或者创新实现了数字要素与生产更加紧密的结合，从而提高了生产效率，带来了企业绩效和价值的提升。

表 5-10　不同性质企业特征差异

变量	非国有中小企业	国有中小企业
托宾 Q 值	2.137	2.036
数字化转型水平	1.184	0.913
资产负债率	0.322	0.409
股权集中度	32.829	35.157
资产增长率	0.258	0.172
总资产规模	21.508	21.953
员工数量	7.274	7.741
上市年限	1.478	1.819

对国有中小企业和非国有中小企业分组进行回归，结果如表 5-11 所示，模型（1）、模型（2）为国有中小企业的回归结果，模型（3）、模型（4）为非国有中小企业的回归结果。

表 5-11　产权异质性

变量	模型（1）	模型（2）	模型（3）	模型（4）
	国有中小企业		非国有中小企业	
	托宾 Q 值	托宾 Q 值	托宾 Q 值	托宾 Q 值
数字化转型水平	29.025 （0.930）	2.604 （0.696）	3.169*** （0.000）	1.024** （0.035）
控制变量	是	是	是	是
年份固定	否	是	否	是
样本量	588	588	6 194	6 194

注：*、**、*** 分别表示在 10%、5%、1% 的水平上显著。

回归结果显示，在制造业中小企业中，数字化转型水平对国有中小企业的影响不显著，对非国有中小企业的影响显著。模型（4）表明，对于非国有中小企业而言，数字化转型水平在5% 的显著性水平上对托宾 Q 值起到正向影响，回归系数为 1.024。

通过以上对制造业中小企业的分析，发现在制造业中小企业中，非国有经济在数字化转型的过程中起到了更加积极的作用，而国有经济在规模较小的情况下，无法发挥规模经济的作用，因此国有中小企业在数字化转型上还有更多的发展空间。

5.8 研究结论

本章首先对制造业中小企业数字化转型水平对绩效的影响进行了分析，在双向固定模型的基础上，使用了工具变量法进行稳健性检验，发现数字化转型水平对提高企业绩效有积极的促进作用。其次通过中介效应分析，发现固定资产周转率作为中介变量具有完全中介的作用，数字化转型水平主要通过固定资产周转率对绩效产生影响。最后通过对不同分组的异质性分析，发现非国有中小企业数字化转型效果更加显著。

根据以上结论，本文提出以下几点政策启示。首先，数字化转型对中小企业的绩效总体上产生了积极作用，制造业中小企业需要继续坚持供给侧结构性改革，将数字经济与实体经济更好结合，优化要素组合，创新生产函数。其次，数字化时代资本的使用出现了新的特征，如何决策以保持合理的投资区间、如何选择合适的模式与数字要素结合、如何更好地提高固定资产使用效率等问题需要学界与业界进行更加深入的研究。最后，在制造业中小企业中，国有经济还有很大的发展空间，坚持国有企业改革，加强国有企业现代化治理能力刻不容缓。规模异质性揭示了数字化的阶段特征，规模更小的企业在初期需要更多资源与渠道的支持以加速完成数字化转型升级并发挥数字化的作用，规模更大的企业则需要继续保持数字化转型的优势。

总之，作为数字经济发展的领先者，中国要在新一轮的国际竞争中保持优势，必须不断加大支持产业数字化发展的力度。近几年国家出台了多项措施支持数字经济的发展，从 2014 年的《“宽带中国”战略及实施方案》到 2023 年的《数字中国建设整体布局规划》，都彰显出我国政府的战略定力与长远眼光。相信在党和国家的领导和支持下，数字化转型能够为企业创造更多效益，为中国经济健康发展提供源源动力。

第 6 章

中小企业数字安全

6.1 前　言

中小企业是推动世界经济复苏的重要力量。新技术、新模式和新生态一方面加速推动中小企业数字化转型，另一方面也使中小企业面临着巨大的数字安全风险。中小企业面临的安全挑战不是单一的个体技术风险，而是关乎释放我国数字经济潜力的系统性风险。

本章基于 2023 年上半年的调查研究，对我国中小企业所面临的数字安全风险状况及发展趋势进行分析，并提出中小企业应对未来安全挑战的建议。中小企业面临的数字安全问题是一个范式安全问题，一方面需要全社会的共同努力，另一方面需要构建新型数字安全防御体系。中小企业数字安全建设不仅可以降低数字安全风险、规避数字安全威胁，还可以推动中小企业业务创新，增强全球竞争力。

6.2 中小企业数字安全现状分析

6.2.1 数字安全成为中小企业数字化发展的关键挑战

数字化是一把双刃剑，中小企业在享受数字化转型所带来的红利的同时，也面临着数字安全威胁所带来的挑战。

1. 数字安全展现出新特点

5G、大数据、生成式人工智能等新技术的出现，对人类活动产生了深刻的影响。

数字技术在为人类带来美好体验的同时，也产生了巨大的数字安全风险。网络威胁者可以在任何地方、任何时间发起针对企业、政府等机构的数字攻击。中小企业由于在数字安全方面处于弱势地位，在本身被攻击的同时，往往还会沦落为攻击下一个更大目标的跳板。

2. 中小企业“上云”所带来的风险激增

云计算应用帮助中小企业改变了信息技术资源不集中的问题，使其可以快速开展业务。但是，由于中小企业自身安全意识淡薄，以及云平台本身的安全问题等因素，导致中小企业在“上云”的同时面临新的安全威胁。以色列的一家云安全公司委托互联网数据中心在 2020 年进行的一项调查显示，几乎所有的“上云”企业都曾经历过云数据泄露事件，其中近三分之二的企业暴露了敏感数据，有 84% 的企业仅具备入门级云上安全保护能力。

3. 数据安全危害愈发凸显

中小企业大量的数据在线上汇聚、流通、分析和共享，给网络攻击者带来大量的攻击机会，使得在不同业务场景下的数据被窃取、滥用、篡改等攻击事件频发。常见的数据安全问题包括敏感数据被盗、知识产权遭窃、个人和财务数据被盗或欺诈等。数据安全问题还涉及企业被攻击后对正常业务的影响（如司法调查、恢复和删除被攻击的数据和系统）以及对企业声誉造成的损害等。

6.2.2 中小企业的数字安全关乎国家安全

中小企业面临的数字安全风险不仅会影响其自身的发展，还会造成严重的国家安全问题。

1. 中小企业数字安全风险直接影响数字经济的发展

中小企业的数字安全对数字经济的发展至关重要。中小企业是数字经济的重要组成部分，其数字安全风险将直接影响就业、创新和数字经济发展。维护中小企业数字安全，既是保障我国数字经济可持续健康发展的需要，也是确保国民经济安全的重要举措。

2. 中小企业数字安全直接影响供应链安全

中小企业所生产的产品或所提供的服务经常为大企业或政府部门所使用，通常是大企业供应链正常运转的重要环节，同时也是政府多层供应链中的重要组成部分。但是，中小企业也是多层供应链中最薄弱的元素。波耐蒙研究所 2021 年的一项研究发现，59% 的公司经历过由与他们共享敏感信息的第三方供应商所造成的数据泄露事件。

3. 中小企业数字安全关乎国家安全

中小企业供应链安全问题不仅是企业自身的问题，而且很容易演变为国家安全问题，对政治、经济和社会产生广泛的影响。2020 年发生的“太阳风”网络攻击事件是迄今为止发现的最大、最具破坏性的供应链攻击之一，影响了数万个政府部门的安全。由于该供应链安全事件的紧迫性，美国国防部紧急推出了网络安全成熟度模型认证（CMMC）来认证其供应链企业，以保护国防工业安全。

6.3　中小企业面临的数字安全风险

6.3.1　中小企业面临严峻的数字安全形势

2023 年 1 月至 6 月，360 天枢智库联合 360 企业安全云对全国 21 个行业的 497 家中小企业进行了调研，分别从中小企业的数字安全意识、所面临的威胁、对未来安全风险的预期、软件供应链和数据安全等方面进行了调研，反映了我国中小企业面临的数字安全状况。

1. 中小企业对数字安全的关注度不断提高

针对“与去年相比，您对网络安全威胁的担心有怎样的变化？”这一问题，受调查的 497 家企业中，2023 年有近 25% 的企业反馈，相比 2022 年更加担心数字安全威胁，同时也有超过 25% 的企业表示没有去年担心（见图 6–1）。所调查的中小企业普遍反馈不知道如何解决安全问题，也没有合适的方案和服务。

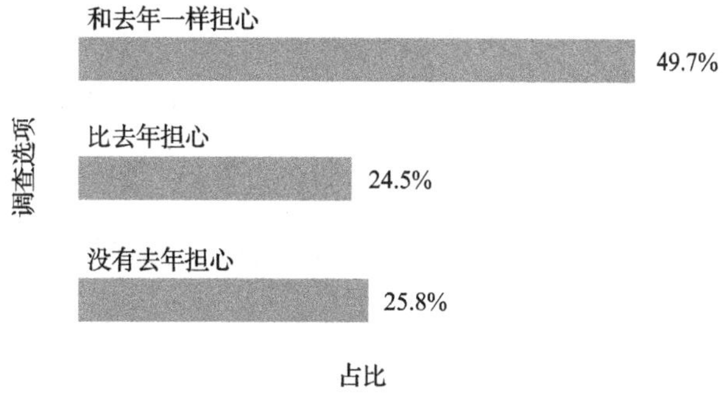

图 6–1　中小企业数字安全关注度调查
数据来源：360 企业安全云。

2. 勒索攻击成为中小企业面临的最大威胁

勒索攻击已成为中小企业面临的首要威胁。如图 6–2 所示，受调查的 497 家企业中，在过去 12 个月，对我国中小企业最具破坏性的网络威胁分别是勒索攻击（81.7%）、恶意软件（55.4%）、网络钓鱼（35.9%）、内部威胁（28.8%）。显然，针对中小企业的网络威胁呈现出更加复杂的趋势。

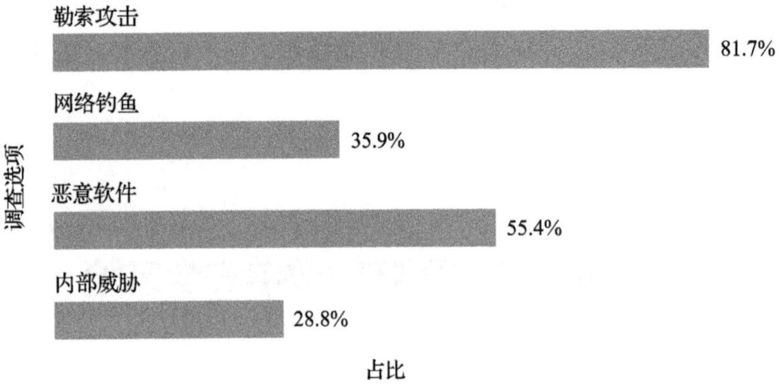

图 6-2 中小企业面临的网络威胁情况调查

数据来源：360 企业安全云。

注：每个企业可以选择多个不同选项。

3. 近半数的中小企业认为未来 12 个月会遭受黑客攻击

针对“您认为贵公司在当下或未来 12 个月内会成为黑客攻击的目标吗？”这一问题，近半数的受访企业认为未来 12 个月可能成为黑客攻击的目标。尽管有超过一半的中小企业（53.7%）认为自身不会遭受黑客攻击，但事实上，大多数企业在被黑客攻击后却并不知情。2022 年针对中小微企业面临的数字安全威胁的调查数据显示，我国有超过九成（92.3%）的中小企业面临非常严峻的数字安全威胁，大量的安全问题长期无法解决。该数据也表明，中小企业的数字安全意识有待提高。

4. 超过六成的中小企业对未来防御网络攻击持悲观态度

针对“您有信心依靠您自身的力量来应对未来的网络攻击吗？”这一问题，有 39.0% 的受访者表示有信心依靠自身的力量应对未来的网络攻击，而 61.0% 的受访者表示没有信心来应对未来的网络攻击。能否应对数字安全危机决定了中小企业是否有能力获得客户和市场的信任。

5. 近八成中小企业担心供应链安全会引发其自身安全风险增加

近年来，供应链安全问题日益成为中小企业面临的突出网络安全风险之一。针对“您认为供应链安全（合作方发生网络安全风险事件）会引发您单位自身的安全风险增加吗？”这一问题，有 76.9% 的中小企业认为合作方出现网络安全事件会对自身的安全带来风险，这反映出中小企业面临日益严峻的供应链安全挑战。为避免供应链安全漏洞扩散蔓延，中小企业需要将供应商网络安全能力纳入合作选择标准，同时还需提高自身监测、应对网络攻击的能力，降低供应链风险对业务造成的负面影响。

6. 超过八成的中小企业担心网络攻击会造成其重要数据泄露

中小企业最担心的网络攻击后果包括：业务中断、影响合规审查、重要数据泄露、失去客户信任、资金损失等。有 82.5% 的中小企业担心网络攻击会导致其重要数据泄露，有 75.1% 的中小企业担心会造成其业务中断（见图 6–3）。

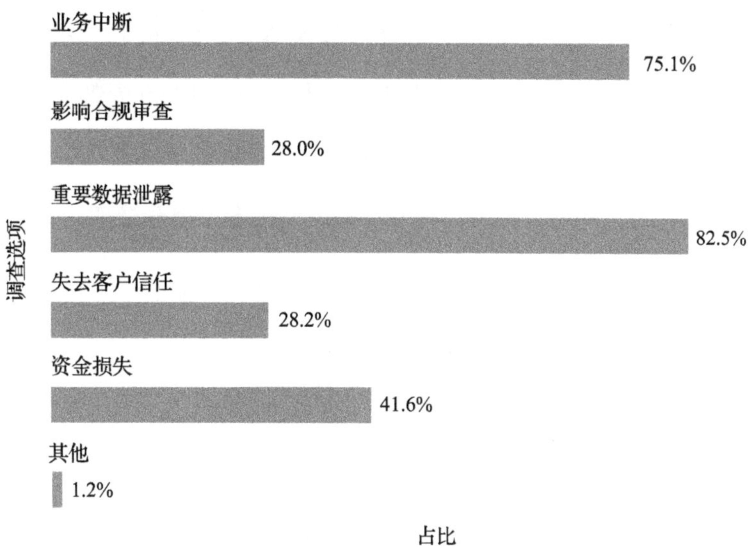

图 6–3　中小企业数字安全的业务影响调查

数据来源：360 企业安全云。

注：每个企业可以选择多个不同选项。

6.3.2　中小企业面对的主要数字安全威胁

目前，黑客组织正在把攻击目标从大型企业转向防御能力更弱的中小企业，中小企业面临着更为严峻的无差别网络攻击威胁。

1. 网络钓鱼

网络钓鱼攻击已经成为中小企业面临的最具破坏性和最广泛的威胁之一。根据网络安全公司 Proofpoint 的《2023 年网络钓鱼状况报告》，有 84% 的受访者表示他们的企业在 2022 年至少遭受了一次基于电子邮件的网络钓鱼攻击。根据威瑞森通信公司发布的《2023 数据泄露调查报告》，小型企业遭受的网络钓鱼攻击的频率不断升高。

2. 恶意软件

恶意软件是破坏计算机和网络的危险软件的总称，包括病毒、特洛伊木马、蠕虫和勒索软件等。恶意软件攻击对小型企业的破坏性很大，可能会使企业设备瘫痪、业务中断，为攻击者提供访问数据的后门，甚至为攻击供应链企业构建攻击渠道等。威瑞森通信公司 2022 年的调查数据显示，恶意软件是针对小型企业的最常见攻击类型（占 18%），其次是网络钓鱼（占 17%），数据泄露（占 16%），网站黑客（占 15%），分布式拒绝服务攻击（占 12%）和勒索软件（占 10%）。

3. 勒索攻击

目前，勒索团伙正在逐渐把矛头对准中小企业。著名勒索软件恢复公司 Coveware2023 年 1 月发布的季度报告显示，许多勒索软件团伙开始转变战术，试图勒索能够支付赎金的中小企业，这样既可以减少攻击运营成本，也不会引起媒体和执法部门的注意。如图 6–4 所示，2022 年第四季度，有 72.5% 的勒索攻击是针对员工人数少于 1 000 人的企业的，占比相较于去年同期的 81.6% 有所下降，原因可能在于受到了全球经济危机的影响。而针对员工人数在 101~1 000 人之间的企业的勒索攻击的占比为 40.3%，相比去年略有增加。

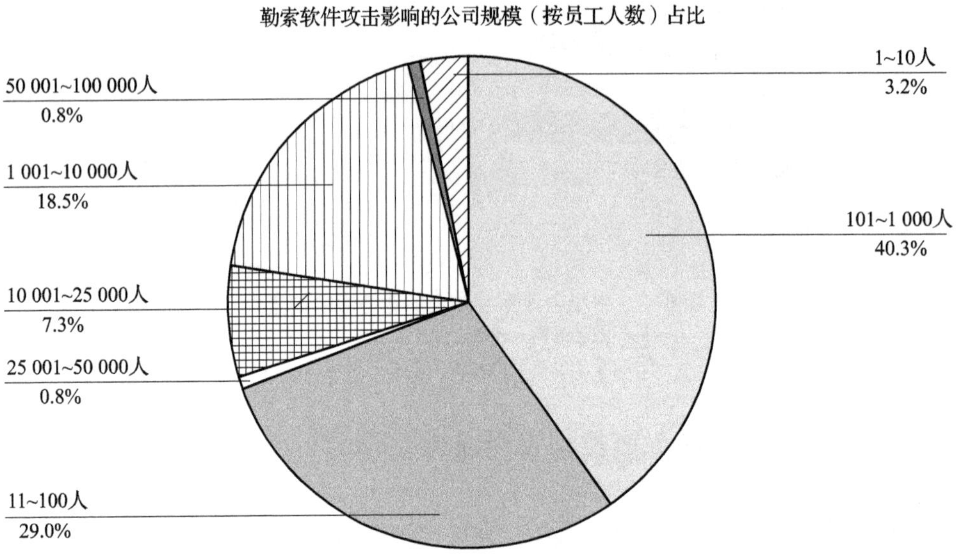

图 6-4 按公司规模统计勒索攻击影响

资料来源：COVEWARE。

注：图中数据四舍五入。

4. 弱密码

密码管理软件公司 Bitwarden 的调查数据显示，有 44% 的互联网用户很少重置密码，有 30% 的互联网用户由于采用弱密码而导致数据泄露。密码管理软件公司 NordPass 的研究表明，大多数小型企业没有进行有效的密码管理，许多企业倾向于将密码信息保存在不安全的 Word 文档或 Excel 电子表格中。在遭受网络攻击的事件中，有 29%（无论攻击类型如何）都与密码被盗有关。

5. 内部威胁

内部威胁是企业所面临的日益严重的安全隐患。来自企业内部人员的威胁行为不断增加，如员工滥用权限、非法获取数据等。在中小企业中，这一情况尤为突出。由于员工被赋予访问更多系统和数据的权限，内部威胁出现的可能性大大增加。本次调查统计数据显示，有超过六成的员工承认曾访问过与工作无关的账户，这些行为极易导致数据泄露等安全事件。内部威胁对任何规模的企业而言都是非常现实的风险，必须将其纳入企业网络安全体系并进行防范。中小企业更应重视内部风险管理，通过权限控制、监测审计、安全教育等手段，从源头上降低内部威胁产生的可能性。

6. 供应链安全

中小企业面临着来自供应链的网络安全风险，供应链攻击问题日益严峻。尽管意识到了供应链风险，但多数中小企业在选择合作方时，并未将其网络安全能力作为一个关键考量因素。一些企业甚至承认，即使注意到合作方的网络安全问题，也不会影响继续与其合作的决定。显然，中小企业在供应链安全管理方面仍需加强。未来需要更多中小企业将安全规划融入选择流程，并与合作方建立信息共享和应急协作机制，以控制好网络安全风险。

7. 云、SaaS 应用、系统和软件的漏洞威胁

利用互联网系统中的常见安全漏洞攻击中小企业是最常见途径之一。著名网络安全公司 F-Secure 的数据显示，有 57% 的数字威胁是由已知安全漏洞引起的，每年全球发布超过 16 000 个新漏洞，网络攻击者可以在互联网上随便扫描这些常见漏洞中的任何一个，从而可能找到数千个尚未修补设备漏洞的中小企业发起网络攻击。

6.4　中小企业数字安全建设现状

6.4.1　安全建设中存在的重要误区

1. 误区一：黑客只攻击大公司

尽管大部分中小企业对数字安全的重视程度不断提高，但仍有部分中小企业的数字安全意识不足，认为黑客只会攻击大型企业和大型机构，而自身作为中小企业不会成为攻击目标。目前，中小企业和大型企业所面临的网络攻击的态势正在趋同。威瑞森通信公司发布的《2023 数据泄露调查报告》显示，从攻击频率、高级攻击模式、攻击目的等多个维度来看，网络攻击和公司规模没有关系。

2. 误区二：装了防病毒软件就安全

大多数中小企业会安装一些免费的防病毒软件，他们往往认为有了防病毒软件就足够了，这也是一个误区。现在大多数黑客攻击手段都可以绕过防病毒软件，其攻击手法越来越先进，

仅仅依靠防病毒软件是远远不够的。

3. 误区三：云服务商会全面负责安全问题

目前有越来越多的中小企业采用云服务，他们往往认为“上云”后，云服务商会负责所有的安全问题。事实上，所有的公有云服务商都会遵守“责任共担模型”，即云服务商仅负责云的安全，云上的安全则需要中小企业自己负责。

4. 误区四：预算有限就不购买安全产品

中小企业在数字安全上的投入有限，传统的网络安全产品往往复杂且昂贵，远远超出了中小企业的预算范围。中小企业可以选择一些安全托管运营服务（MSS），按需订阅安全服务，一方面可以解决安全问题，另一方面也可以降低成本。

6.4.2 传统安全方案无法满足中小企业的数字安全需求

中小企业在数字化业务场景、数字安全预算、安全能力提升、应急响应等方面与大企业的区别很大。因此，传统的企业级安全方案难以灵活、敏捷地适配中小企业的数字安全需求。

1. 传统安全方案不适合中小企业的数字化业务场景

传统安全方案是基于经典的客户机－服务器软件模式而设计的，员工通常通过受信任的企业网络或安全的 VPN 连接来访问他们的业务解决方案和 IT 服务。传统安全产品的设计复杂、需要大量的集成和支持工作，往往需要专业的安全运维团队提供支持。传统安全产品的整体交付模式过重且交付周期长，至少需要几个星期甚至几个月的时间，很难满足中小企业采用软件即服务（SaaS）等云上应用的灵活、快捷的安全需求。

2. 传统安全培训方案无法满足中小企业的数字安全素养需求

数字安全意识薄弱是中小企业面临的主要挑战之一。网络安全公司 Proofpoint 的调查数据显示，进行有针对性的数字安全素养教育可以减少 90% 的网络钓鱼攻击和恶意软件感染。传统的安全意识培训往往大而全，与业务结合得不够紧密，不能有针对性地解决中小企业所面临的特定安全问题。

3. 传统安全方案不适用中小企业构建应急响应能力

2019 年，欧盟对各种规模的企业针对信息和通信技术安全实践这一问题进行了调研，调研结果如图 6–5 所示，中小企业数字化实践与大型企业的数字化实践的差距正在逐渐增大。

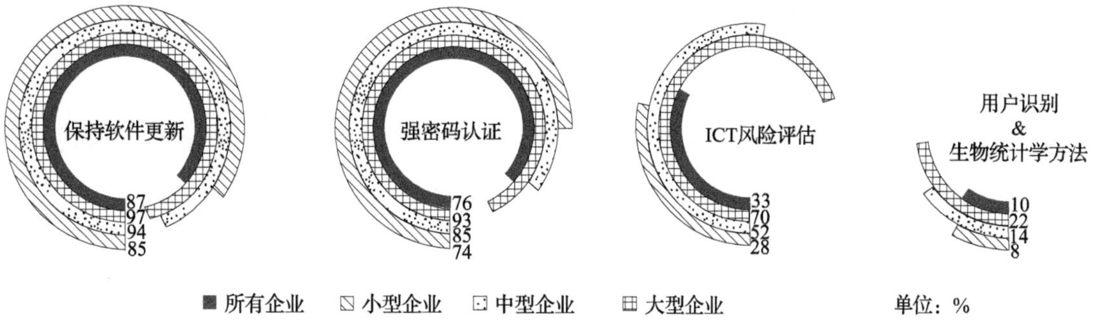

图6-5　大中小企业数字安全手段调查统计

数据来源：欧盟统计局。

复杂且昂贵的传统应急响应计划并不适合中小企业。中小企业的应急响应计划需要根据其自身特点来量身打造，比如采取集体防御模式，社区应急响应模式，或者依托政府和整个产业的安全共治等。

4. 传统安全方案无法满足中小企业“伙伴式”安全服务需求

中小企业由于缺乏相应的资源来有效管理安全技术堆栈，逐渐转向托管式安全服务，以此来保护自身的业务。但是，传统的安全托管服务基于大量的日志监控和警报，局限于传统的安全监控服务，缺乏调查边界防御，对现代安全威胁缺乏应对能力，防御效果有限且费用昂贵。

中小企业亟须“伙伴式”数字安全服务。该服务既需要充分考虑财力、人力的局限性，也需要获得社区或集体持续的服务支持，如社区安全威胁事件共享、数字安全意识提升、安全威胁形势预判、风险情况处理建议、应急响应实践建议、供应链风险识别方法指导、数据隐私和合规帮助等。

6.5　中小企业数字安全建设应对策略

中小企业是数字经济发展的重要组成部分。协同政府、社会和安全平台企业资源，构建针对中小企业的数字安全协同体系，提升中小企业数字安全建设保障能力，对于推进我国数字经济持续建设具有重要作用。

6.5.1　中小企业数字安全应对策略概述

中小企业所面临的数字安全问题不仅涉及企业自身安全，还涉及国家安全。因此，要从政府侧、平台侧以及中小企业自身等多个方面综合考虑，构建统一的数字安全治理体系，通过机制和模式创新来扶持中小企业数字安全建设，以保障中小企业的数字安全，从而筑牢国家数字安全的整体屏障。

1. 政府侧：传统“静态处罚”模式不适合中小企业，需要“动态监管 + 治理”模式

中小企业受限于资源和能力，无法依靠自身力量充分落实《中华人民共和国网络安全法》《中华人民共和国数据安全法》等法律要求，也无法独力开展信息安全等级保护、风险评估、应急响应、安全审查等国家和地方的安全要求，从而导致中小企业成为行业和区域数字安全的短板。面对相关监管要求，中小企业往往面临着即使被处罚，也无力改进其数字安全状况的问题。而过重的处罚可能会危及中小企业的生存。

对政府而言，可以发布针对中小企业进行数字安全规划和能力提升等专项政策，使中小企业从一开始就重视数字安全建设，比如为中小企业提供基础性数字安全基础设施、安全培训等服务。同时，当前政府主导的关键安全机制需要进一步覆盖中小企业，兼顾中小企业的特殊情况，给予专项数字安全扶持措施，包括但不限于威胁情报和漏洞信息共享、事件报送、应急响应、风险评估以及安全演练等。

2. 平台侧：建设面向中小企业的区域数字安全基础设施

在中小企业集群集聚明显、数字安全需求旺盛的城市和地区，依托具备数字安全共性技术和服务大范围供给能力的大型平台级安全公司，建立区域型数字安全基础设施，促进中小企业数字安全能力的提升。同时，还应进一步充分整合所在区域的数字安全服务平台、服务商、人才、金融等资源，立足市场需求，面向中小企业提供威胁情报、安全防护、应急响应、漏洞管理、数据安全、能力评估、安全培训等基础性服务，降低数字安全建设成本，缩短建设周期。

3. 中小企业：构建面向中小企业员工安全意识和素养提升的公共培训机制

加强数字安全建设，一是可以帮助中小企业落实好国家和监管机构的法律法规和标准要求，避免因为安全合规问题而被罚款、处罚或停业整顿等；二是可以保护企业的核心数据和业务系统，防止数据遭到泄露、篡改、破坏等威胁，维护企业的声誉和合法权益；三是可以提升企业的信息化水平、数字化转型能力、创新能力和市场竞争力。中小企业自身需要加强数字安全意识，重视数字安全建设，参加数字安全培训课程，做好常规的数字安全管理。具体建议有以下几点。

（1）系统软件要更新。保持操作系统和软件版本及时更新，安装最新的补丁并修复漏洞。

（2）密码安全不放松。遵守良好的密码卫生习惯，制定密码策略，定期更新密码，启用多

因子认证保护重要业务系统。

（3）数据备份很重要。建立本地和异地数据自动化备份方案。确保企业的核心数据和业务系统分散存储在不同的位置，以防止数据丢失或损坏。

（4）运营服务是关键。选择具有第三方认可的客户支持和服务的安全产品或服务提供商，要求供应商提供试用期、培训、维护等服务。

（5）安全托管是趋势。考虑到企业自身的资源有限，可采用托管的云安全服务，减少本地安全产品的部署、管理要求和成本，最大化发挥托管服务的优势。

（6）安全培训要牢记。加强员工和管理者网络安全意识培训，不断提高数字安全意识，增强安全能力，提升安全防范水平。

6.5.2　构建中小企业的数字安全协同体系

针对中小企业数字安全建设策略的落地，建议推动由政府、社会和企业共同参与的中小企业数字安全协同体系框架加快构建，拉通各方资源帮助、指导、规范和引领中小企业数字安全建设健康稳定发展。

1. 构建中小企业数字安全协同体系框架

数字安全协同体系框架遵循《2022 中小微企业数字安全报告》中提出的理论框架的思想，在此基础上进行了部分改进和优化，由中小企业、平台侧以及政府侧组成。该协同体系框架相当于一个构建在中小企业和政府之间的桥梁。在保护中小企业敏感信息的前提下，提供集体防御和社区跨域可视化的解决方案，旨在通过跨行业和地域的威胁情报共享，保障我国中小企业和供应链的整体数字安全水平持续提升。中小企业数字安全协同体系框架见图 6–6。

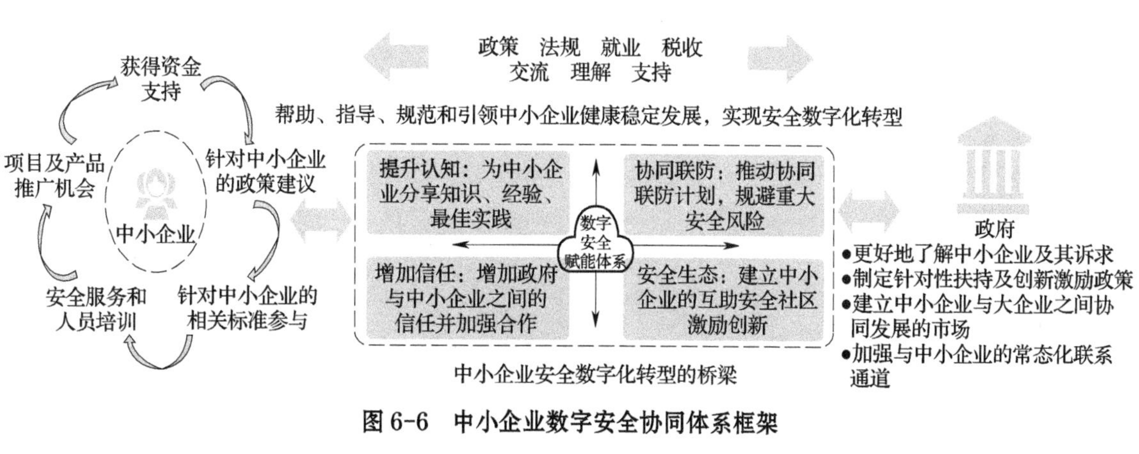

图 6-6　中小企业数字安全协同体系框架

2. 中小企业数字安全协同体系框架的优势

（1）全局视角的威胁感知。将每一家中小企业的数字安全风险汇聚起来，经过综合关联与分析，形成一种感知整个行业和供应链安全态势的全局视角，既能帮助中小企业发现局部未知的威胁，也能帮助政府监测系统性数字安全风险。

（2）开放的数字安全生态。以平台的方式，通过合理的激励机制，持续将数字安全领域的服务、知识、人员和设施等资源汇聚起来，形成能够解决不断出现的复杂数字安全风险问题的能力集合。

（3）整体性的协同联动。能够基于大量中小企业的安全能力协同应对系统性和整体性数字安全威胁，并可与国家和城市的安全机制相互联动，综合响应、控制和恢复数字安全威胁造成的影响。

3. 中小企业数字安全协同体系框架的价值

中小企业数字安全协同体系框架能够检测潜在的供应链风险、设备漏洞和网络威胁，并提供相应的应对措施，是一种集体防御机制；通过该协同体系框架可以及时向参与者传达重要的安全信息，实现安全、有效的信息共享；帮助中小企业互相学习和支持，共同抵御网络威胁；为资金、技术、人才受限的中小企业提供低成本甚至免费的数字安全服务，保障中小企业数字化转型；可以全面提升我国企业数字安全基础水平，降低数字安全威胁在我国供应链内大范围扩散的系统性风险。

第7章 企业数字化转型案例

7.1 平台公司服务中小企业，赋能数字化转型

7.1.1 中国电信：践行央企责任与使命，一体化服务助力企业转型

中国电信扎实践行央企的社会责任与使命担当，深度参与推进中小企业数字化转型工作，推动构建以“加快数字化发展，建设数字中国”为目标的“云、网、数、智、安”一体化服务体系，面向中小企业提供“四个一体化”一揽子服务能力，从网用一体化、软硬一体化、安全一体化、数智一体化等方面全面赋能中小企业数字化转型。

1. 构建5G全场景连接方案，实现网用一体化服务

在数字经济建设浪潮中，中国电信围绕5G核心技术，构建“一张网、一个平台、N大应用”的一体化“5G+智慧工厂”全场景链接解决方案，全方位助力企业实现数字化转型，实现降本增效。

江西煌上煌食品股份有限公司（以下简称“煌上煌”）始创于1993年，是中国第一家上市的卤制品企业。煌上煌的生产经营链较长，在部分关键环节存在一定的问题。中国电信通过5G技术为煌上煌搭建了从食品溯源到销售推广的食品“5G+智慧工厂”。

在数据汇集侧，依靠5G定制网搭配UPF（用户平面功能）下沉，为中央工厂安装430个5G智能设备，打造私有化组网模式，依托电信5G网络覆盖及DNN（数据网络名称）切片技术在中央工厂内建设了18个微站、182个室分设备。同时，建设企业云计算中心，并在MEC（移动边缘计算）边缘侧辅以工业互联网平台、数字孪生中台、云上数仓以及AI能力，将所有数据汇聚至企业云计算中心，将独立应用进行聚合，帮助企业打通数据孤岛，并向上孵化各类创新应用，打造煌上煌从物理世界到数字世界，从传统工厂到安全、节能、绿色、低碳的绿色

工厂的数字化转型。

在生产运输侧，通过“5G 定制网 + 工业互联网平台 +AI 设备技术体系”赋能，减少人工核验程序，确保食品从生产、加工、运输到销售各个环节处于规定的低温环境中，形成全链条食品可溯，保障食品安全。

在食品原料侧，通过“5G 物联网 + 终端”形式对饲料源、水质、土壤、粪便源等消耗能源进行定期采样上传，精准溯源，实现养殖效率提升 47%，解决困扰原材料安全的痛点问题。

2. 云网为基，打造应用生态体系，实现软硬一体化服务

中国电信以数字科技为抓手，利用自身云网优势，结合数字化终端，以融云、融 AI、融安全、融平台为核心推出中小企业模块化解决方案，构建以云网为基座的数字化服务生态体系，为企业管理、企业生产方式注入新活力。

湖南美食小吃品种多、数量大，吸引着各地的游客。但美味的背后，也存在着两大隐忧：一是餐饮后厨缺乏有效的现场管控手段；二是监管部门对餐饮后厨缺乏监管和制约。

中国电信采用积木式搭载模式，构建“互联网 + 明厨亮灶”智慧食安平台，融合明厨亮灶、燃气卫士、云电脑、点餐收银、来电名片、云推广、视联网七大应用，形成一体化解决方案，服务餐饮企业。

一是将“互联网 + 明厨亮灶”智慧食安平台与监管部门的监管平台融通，实现区域内食品生产企业、餐饮服务企业的快速纳管与监管资源智慧化调拨分配，助力食品安全治理。同时，以标准化、智能化的食安管控手段提高食品生产企业及餐饮服务企业食安管理水平。

二是将“互联网 + 明厨亮灶”智慧食安平台与饿了么等互联网企业服务平台对接，实现平台共建共享，社会共治，让公众获得更多知情权与更广泛的共治渠道，守护“舌尖上的安全”。

三是将云电脑、扫码点餐收银系统与视联网融合，打造一体化服务平台，提高餐饮企业信息化管理水平，降本增效。

四是通过来电名片、彩铃、云推广一体化服务打造餐饮企业线上线下一体化的营销推广模式，助力餐饮企业打造品牌形象、促进流量转化。

截至 2023 年 7 月，湖南省超过 5 万家食品生产企业、餐饮服务企业通过采用中国电信中小企业模块化解决方案，获得了低成本信息化服务，降低了餐饮企业综合成本的 18%，打造了 3 000 多家网红餐厅。从行业监管角度来看，湖南省已有超过 55% 的市场监管所使用中国电信“互联网 + 明厨亮灶”智慧食安平台服务，平台接入食品加工和餐饮服务企业超过 6 万户，调用 AI 算法超过 9 000 万次，进一步推进了食品安全社会共治，助力市场监督管理部门实现智慧监管。

3. 持续提升全场景网络安全保障能力，实现安全一体化服务

中国电信以平台运营为基础，整合内外部的云网、安全、数据等优势资源，构建统一的网络安全解决方案，向广大客户提供包括云网安全、数据安全、信息安全等多元安全产品及服务。

重庆臻宝科技股份有限公司（以下简称“重庆臻宝实业”）创立于 2016 年 2 月，作为电子零部件制造商，重庆臻宝实业面临着一系列网络安全隐患。例如，在设备接入管理侧，接入终端复杂不易管控，无法有效认证互联网接入终端；在网络互联侧，分支机构与总部互联无防护，分支机构网络成为总部网络威胁的入侵口；在网络出口侧，对互联流量无审计能力，本地上网终端缺乏对勒索病毒、挖矿木马的检测能力等。

基于此，中国电信与重庆臻宝实业共同建构了“云、网、边、端、用”的一体化网络，提供多方位的网络安全保障。中国电信基于网络资源，通过安全网关和运营分析平台，构建天翼安全大脑，提供多链路负载、分支 IPSec VPN 组网、接入身份认证、日志审计等，为重庆臻宝实业打造有力的安全防护体系。同时，重庆臻宝实业可将安全日志上传至中国电信云端运营分析平台，电信安全专家能够基于安全网关采集的数据，对其进行全面分析，并提供 24 小时的运维支持和全方位的安全强化建议，进而建构起高效的一体化防护机制。

中国电信成功帮助重庆臻宝实业抵御互联网攻击上万次，单月检测到安全事件 143 个，发现 18 台主机分别存在挖矿木马、暴力破解等行为，单月拦截新增高风险入侵威胁 3 844 次。同时，利用链路负载能力有效地保障了客户业务的稳定性、安全性和连续性，助力重庆臻宝实业构建有效的互联网边界安全防护机制。

4. 融数汇智，创造数字引擎，实现数智一体化服务

中国电信充分发挥数据要素作用，以云网为核心，以“智 + 算”赋能数字化治理，积极参与行业相关标准的制定工作，引领企业转型发展。

杭州湖滨银泰 in77 位于杭州最繁华的商业区，是西湖湖滨的多功能复合型购物中心，面临着假日人流量大、街区车流量大、商圈内业态调整缺乏数据支撑、客单价提升难等问题。

中国电信、湖滨街道管委会及湖滨银泰 in77 秉承服务游客、便捷游客的基本理念，联合制定综合化解决方案，打造银泰商业智慧运营平台，以基础的线路和 5G 物联网设备、5G 定制网为基础，结合 5G 高精度室内定位，形成以湖滨街区数字孪生 3D 地图展示平台，通过地图可视化呈现数据监测分析结果，构建湖滨会思考的智慧街区平台，提升街区治理能力。同

时，随着商场、门店内的“人、货、场”数据“上云”，有效整合多节点大数据，依托云服务进行数据治理，可针对不同的问题，提供有效的数据支撑，助力科学服务客户，为湖滨银泰in77 每位客户带来更好的购物和服务体验，并推进零售服务企业向数字化、智慧化转型。

中国电信深入学习贯彻习近平新时代中国特色社会主义思想，始终牢记国之大者，坚定履行建设网络强国和数字中国、维护网信安全的使命责任，全面深入实施“云改数转”战略，积极推进以云网融合为核心特征的数字信息基础设施建设，为赋能千行百业数字化转型贡献力量，持续着力于“云、网、数、智、安”一体化服务能力提升，充分赋能数据潜力开发，在更大范围融数、更深程度汇智，通过产数融合创新要素价值，助力中小企业发展，共同推动经济社会数字化转型，奋力谱写数字中国发展新篇章。

7.1.2 联想集团：以一站式智能化服务平台助力中小企业高速发展

我国正全面进入数字化时代，数实融合成为发展的新动能，联想作为“双实企业”的典范，正通过 3S（智能设备、智能基础设施和方案服务）全栈产品、方案和服务，用科技助力各行各业的数字化、智能化转型，加速数实融合，助力千行百业迈向高质量发展。联想中国区中小企业客户（SMB）业务群，基于对中小企业数字化需求与痛点的洞察，在中小企业数字化“FAST 光速引擎”的基础上进一步升级，打造了联想百应中小企业一站式数字化服务平台（以下简称“联想百应平台”），为中小企业提供集“硬件 + 软件 + 服务 + 方案”于一体的一站式服务，助力中小企业抓住数实融合机遇期，实现高速发展，践行链主企业能力。

1. 端到端“技术方案 + 业务融合 + 生态赋能”，助力中小企业与全球一流选手同场竞技

此芯科技（上海）有限公司（以下简称“此芯科技”）成立于 2021 年 10 月，主要从事通用智能 CPU 芯片设计及研发。与大部分创业公司一样，此芯科技在成长过程中主要面临“人、财、事”三方面的难题，而联想百应平台为此芯科技提供的一站式数字化建设服务，不仅破解了这三大难题，还帮助此芯科技实现了高效发展。

在最初进行数字化部署时，此芯科技的人力难题凸显。做数字化的管理，从采购、生产到内部的协同，都需要一个非常精干的团队来推动。但在创业初期，此芯科技没有精力在这方面投入足够的人力资源。为此，联想百应平台从专家库中选出合适的专家组成专家团队，与此芯科技对接，对 IT 系统、OA 系统等多个数字化领域进行规划，给出了一套行之有效的、打通硬件和运维服务的一体化集成方案，解决了人力上的难题。

作为一家初创公司，此芯科技在资金规划上的诉求是确保每一分钱的投入都有高投资回报率，而联想百应平台通过限时“七免计划”降低了此芯科技的资金压力，同时给出了高性价比的解决方案——灵活的订阅式付费模式，此芯科技可根据自身实际情况按需购买、按量付费，切实帮助此芯科技解决了财务难题。

在联想百应平台的帮助下，此芯科技在确保数据安全的同时，实现了研发中心的数据协同和办公平台的高效管理，解决了各种复杂项目的协同难题。未来此芯科技将与联想百应平台深化合作，加快数字化管理体系的升级。

2. IT 合伙人级服务，推动尖端技术“飞入寻常百姓家”

“脑机接口（BCI）”这一曾存在于科幻作品中的设想，已经在临床医学领域中得以应用，在帮助脑神经疾病患者康复方面大显身手。成立于 2018 年的西安臻泰智能科技有限公司（以下简称“臻泰智能”），正是这条富有想象力的赛道中的一家成长型中小企业。臻泰智能的创始团队孵化自西安交通大学医学工程研究所，有深厚的脑机技术积累。其针对脑卒中、脊髓损伤等认知运动功能障碍，提出“BCI+VR+ 机器人”脑机智能康复整体解决方案，并联合宣武医院、华山医院、西京医院等 30 多家医院开展临床应用，疗效提升约 30%。

为了更好地服务患者，臻泰智能希望构建一套三级康复体系。在设备方面，提供医院、社区和居家版的产品；在数字化服务方面，实现患者从医院到社区再到居家期间的全周期康复数据跟踪，从而为患者提供更有针对性的康复策略。

在推动臻泰智能从技术到场景落地的过程中，联想扮演了“IT 合伙人”的角色，并启动了“星辰计划”，为创新企业提供“IT 合伙人”级服务，为臻泰智能提供“硬件设备 + 算力 + 服务 + 生态”的整合服务方案，以硬件基因优势和全能服务优越性满足智能康复多级体系搭建。

社区或居家康复场景需要设备便捷小巧，但臻泰智能的“BCI+VR”智能架构对 PC 主机有较高的算力和显卡要求，此前市场上的 PC 产品很难满足其需求。

2022 年上市的联想百应小黑是一款高性能、移动性和兼容性强的小机箱 PC 产品。仅 0.7L 超迷你机身的智能方案计算核心，预装一键智能 IT 服务的联想百应平台，可充分满足对硬件平台的复杂性能需求。经测试，联想百应小黑的性能表现数倍优于此前臃肿的台式主机，现已用于新一代智能康复训练系统，并将替代上一代产品的台式机实现性能升级。

目前臻泰智能正处于打市场的阶段，从医院到社区，不仅需要稳定便携的设备，而且需要密集的服务网络，从而对居家客户的需求进行及时响应。面对这样的挑战，联想百应平台的服务生态体系网点为臻泰智能提供了解决方案，面向异地医院的维护需求，臻泰智能依靠联想百应平台让客户获得了“一键报修”的服务体验。

联想 SMB（中小型企业市场）通过一站式数字化服务，已成功助力 3 万余家专精特新中小企业（其中包括 3 000 余家“小巨人”企业）数字化升级，未来将依托联想百应平台，并整合产品、技术、方案、服务、供应链、融资等公司资源与优势，为不同成长阶段的中小企业量身打造数字化解决方案，为专精特新与创新型中小企业提供针对性的帮助与支持，助力其高质量发展。

7.1.3 新华三：解构专精特新，发现数字化价值

1. 网联万物、大道智简，新华三为益海嘉里智慧工厂铺平网络之路

益海嘉里金龙鱼粮油食品股份有限公司（以下简称“益海嘉里”）的智慧工厂走在了行业前列，是数字技术与粮油科技有机结合的产物。益海嘉里智慧工厂对基础网络的要求非常高，需满足稳定可靠、安全可控、可视化管理、智能运维四大需求。

新华三基于 SDN（软件定义网络）及云原生技术的 AD-Campus 解决方案，以 S10500X 系列以太网交换机为核心，搭建了一套有线 / 无线共生、LAN/WAN 融合、性能超强且绿色环保的新一代网络基础架构。在极简融合、智慧物联、网随人动、智能运维等众多先进特性的加持下，新华三 AD-Campus 解决方案能够将益海嘉里智慧工厂的网络复杂度降低 30%，物联网终端上线效率提升 2 倍，降低 60% 的日常运维工作量，降低 50% 的网络故障修复时间。

2. 基础架构全无忧，新华三为银盾泰安打造新型智算云平台

北京银盾泰安网络科技有限公司（以下简称“银盾泰安”）是一家致力于打造开放、稳定、安全、高性能基础技术平台和完善的云生态体系的云服务公司。截至 2023 年 7 月，银盾泰安已推出 300 余款云产品，拥有 10 万台以上服务器和 EB 级别的存储能力。

作为高速发展的云服务提供商，以智算平台为核心的先进基础架构是银盾泰安的核心竞争优势之一。而打造这样一套智算平台，银盾泰安不仅需要先进的计算和存储集群，更需要配套的统一作业调度系统和安全登录管理系统。在这一过程中帮助银盾泰安解决核心问题的同样是新华三。

新华三为银盾泰安提供了多款高性能的 GPU 服务器、全闪存储服务器和机械存储服务器。同时，新华三专为 HPC（高性能计算）及 AI 计算开发的傲飞平台也发挥了重要作用。傲飞平台能够针对 HPC 及 AI 业务特点完成海量硬件资源的池化，自动完成不同规模虚拟机的配置与搭建工作，并根据业务需求进行各类参数优化。

在后续的实际使用过程中，软硬件契合度更高的新平台既能满足银盾泰安对性能、稳定

性、可靠性及可扩展性的多层次需求，也让智算云平台的运行效率提升了 20%，硬件资源池和各类作业也能做到统一调度、统一管理、统一监控。

7.2　企业数字化转型谋发展，创新机

本节分析四家支持数字化转型的企业发展历程和钻研方向，展现成功企业的主要做法。

7.2.1　无限城市：把握时代发展脉络，抢占发展先机

无限城市（北京）科技有限公司（以下简称“无限城市”），成立于 2015 年 1 月，致力于向客户提供物联网解决方案。在技术领域，无限城市和其子公司亿诺德（天津）智能科技有限公司（以下简称“亿诺德”）拥有相关实用新型专利和计算机软件著作权。在业务方面，无限城市提供全场景 WiFi 网络建设和运营服务，同时在“互联网 + 大数据”及物联网方向不断拓展智慧园区、智慧楼宇、智慧办公、智慧垃圾分类等业务，目前已经形成了能够提供多样化服务的智慧园区综合大数据分析平台。

在物联网的道路上，无限城市不断向数字经济平台进军。在技术方面，公司高层经过 WiFi 北京的项目认识到了技术的重要性，开始着手打造自身的技术团队。一是内部培养，公司高层从项目技术需求和招商引资需求出发，对员工技术能力提出要求，并且将这种软性要求转化为硬性指标，鼓励员工考取相关证书并给予奖励。二是外部招聘，除了普通的社会招聘渠道，无限城市还向曾经合作过的技术团队抛出橄榄枝，将这些技术团队吸收到公司之中，壮大公司的技术人才队伍。在发展方向方面，无限城市对于自身进行再定位，将自身逐步塑造为数字经济平台。2016 年前后，无限城市和北斗航天卫星应用科技集团有限公司展开了合作，无限城市敏锐地嗅到未来数字化发展的方向，并根据自身基础选择了物联网应用这一方向。具体而言，就是将成熟的大数据、云计算、人工智能、区块链、量子技术等数字技术整合，形成直接面向消费者的物联网服务。从曾向政府提供服务的经验出发，无限城市将自身定位为政策驱动应用行业，并发展了智慧园区、智慧办公、智慧垃圾分类等服务和相关产品。目前，无限城市向顾客提供从规划设计、硬件开发、产品制造到场景应用开发、平台运营、大数据管理等业务在内的综合性解决方案。

在数字经济时代，数据成了生产要素。生产数据、收集数据、掌控数据的互联网企业在市

场上也有了新的身份——数字经济平台。数字经济平台融合了市场和企业的功能，兼具行业协会、公益组织甚至政府部门的某些公共属性，并帮助这些对象有效履行职能。在为顾客提供智慧园区、智慧楼宇等解决方案的同时，无限城市开始着手于数据后台的建设。在智慧环卫阶段，无限城市逐步将后台改造为平台，通过面面智慧服务平台，用户能够学习垃圾分类相关知识，记录垃圾投放次数等。无限城市及其子公司亿诺德可以通过面面智慧服务平台收集数据，了解用户的垃圾分类和投放情况。无限城市在这一过程之中不断向数字经济平台靠近。在满足自身生存需求之后，无限城市开始逐步重视公司的社会责任和社会影响力。2019年底，无限城市的新产品智慧物联环卫箱研发完毕，产品正式进入生产销售阶段。

无限城市作为一个开拓创新、不断进取的中小型企业，在其发展历程之中正确把握时代风向、敢于重塑核心价值、勇于绘制未来愿景等能力是值得各行各业企业学习的。

7.2.2 科骏实业：数字经济时代下智慧教育的先机

江西科骏实业有限公司（以下简称“江西科骏”）成立于2015年，公司的主要业务为AR/VR内容研发及平台的应用。江西科骏作为一家服务范围包括智能制造、信息技术、人工智能、轨道交通、新能源汽车、文旅、党建文化等多个方向的高新技术企业，以400多人的人员规模、占比68%的技术研发投入进行科技创新发展，在中小企业中独树一帜。同时，作为江西省专业化“小巨人”企业、江西省服务业龙头企业，江西科骏致力于探索虚拟现实技术与教育教学深度融合应用，联合头部企业，共同打造新型产教融合模式，为各阶段学习者提供跨平台、多终端的沉浸式课程教学与学习体验，提升了职业教育人才培养水平，对江西智慧教育建设起到了积极作用。

近年来系统风险频发，为增强面对突发事件的应变能力，江西科骏开始聚焦底层应用技术开发及教育行业应用。首先，江西科骏借助政策红利，抓住了时代机遇。自2015年落户南昌以来，江西科骏在各级政府的房租减免、人才补贴、研发反补等各项扶持政策的支持下，自主研发VR硬件、软件和应用等，形成了完整的产品服务闭环。其次，江西科骏专注于高品质教育资源的提供和智能技术与教育的深度融合。江西科骏以5G技术为基础，面向基础教育提供集VR课程资源、云端备课和授课教学等功能于一体的VR教育云平台，充分运用现代教育技术，以数字化、虚拟现实技术为主导，突破时间与空间的限制，满足日常教学和探究学习的需要。最后，江西科骏注重校企合作、产教融合，采用现代化手段，将社会优质资源转化为育人资源，共同培养各类人才。江西科骏与包括复旦大学、南昌大学等在内的24所大学，中国联通、中国移动、华为等在内的 18 个企业进行了合作，共同促进高职院校与企业创新研发中心的共建，打造校企“产教融合 + 协同育人”的新模式。为顺应教育数字化转型的发展趋势，一方面，江西科骏积极拓展产业链，建设完备的自研产品体系，以自研的新一代信息技术产品为基础，搭建渠道，积极参与到职业教育产教融合的工作中，另一方面，江西科骏积极整合数字技术系列资源，大力推进产学研一体化发展，建立国家职业教育虚拟仿真示范实训基地和产业园。

总之，在数字经济的大环境下，教育行业需要政府和企业共同出力，推动教育数字化转型和智慧教育的发展。

7.2.3　科大讯飞：深耕 AI 厚积薄发，坚守初心多元竞放

科大讯飞股份有限公司（以下简称“科大讯飞”）的发展历程可分为三个阶段：初创期（1999—2010 年）专注于智能语音业务；技术转型期（2010—2015 年）开启人工智能大幕；AI 战略期（2015 年至今）成为中国人工智能产业领导者。

科大讯飞坚持“平台 + 赛道”的人工智能发展战略。在“平台”建设上，基于拥有自主知识产权的核心技术，2010 年科大讯飞在业界发布以智能语音和人机交互为核心的人工智能开放平台——讯飞开放平台，为开发者提供一站式人工智能解决方案，人工智能产业生态持续构建；在“赛道”应用上，公司在智慧教育、智慧城市、智慧医疗等领域已经实现源头技术创新和行业应用的良好融合，规模效应逐渐体现。目前，讯飞开放平台已形成以开发者生态群体为核心，内部持续赋能、循环迭代的人工智能生态圈。

2021 年，科大讯飞在全球 1024 开发者节上正式发布讯飞开放平台 2.0 战略，联合行业龙头搭建行业的基线底座。同时，通过标准体系、测试平台、认证体系、培训平台、低代码开发平台、开发者大赛等举措推进讯飞开放平台 2.0 战略落地。

在平台基础上，科大讯飞持续拓展行业赛道，目前已推出覆盖多个行业的智能产品及服务，推动在消费者、智慧教育、智慧城市、智慧司法、智能服务、智能汽车、智慧医疗、运营商等领域的深度应用，“2B+2C”双轮驱动成果显现。

在教育领域，科大讯飞构建了面向 G、B、C 三类客户的业务体系。G 端业务主要以县（市、区）等区域建设为主体，目前“因材施教”方案逐渐在全国多区域内实施；B 端业务主要以学校建设为主体，包括校内大数据精准教学、英语听说考试等，目前课后服务业务已覆盖 170 多个县（市、区），4 000 余所学校；C 端业务主要以学习机、个性化手册等产品为主体，是 G、B 端业务的延伸，已在教育和办公方面形成完整的产品矩阵。

在医疗领域，科大讯飞实现了面向基层医生的全科辅助诊断服务，为医生的临床决策提供智能辅助支持，提高了诊疗服务的水平和工作效率。同时还为各级医疗卫生主管部门提供了基于实时诊疗数据的诊疗过程和诊疗质量智能监管服务。在新冠疫情期间，科大讯飞利用 AI 赋能医疗，首创的智能医疗助理电话机器人助力 31 个省份的疫情排查，累计服务超过 7 000 万人。

在城市领域，科大讯飞围绕政府数字化转型、政法业务办公办案质效提升，依据数据驱动形成为数字城市持续服务的模式，打造以“城市超脑”为内核的新型智慧城市整体解决方案。

在金融领域，科大讯飞主要为银行、保险、证券等金融行业客户提供数字化管理与数字化经营的整体解决方案，包括 AI 中台、数据中台、知识中台、金融营销平台、智能客服、智慧网点、数字员工、智能风控、辅助审核、智慧消保、智慧办公等“AI+ 金融”应用。

在汽车领域，科大讯飞面向国内外汽车厂商，提供飞鱼智能助理、飞鱼 OS、飞鱼智能车载音频管理系统等产品及解决方案。同时产品线不断迭代升级，从简单语音交互到软硬件一体化智能车机、从信息交互到音响系统等。

在运营商领域，科大讯飞围绕三大运营商等客户，在家庭、企业及个人市场上提供智慧家庭语音平台、智能客服、AI 智能服务等产品，赋能客户的数智化转型。智慧家庭电视语音交互平台依托科大讯飞多模态交互能力、开放平台生态内容积累，形成覆盖影视娱乐、儿童素质、老人健康、家庭安防等场景的综合解决方案，帮助三大运营商提升家庭用户的运营价值。智慧客服助力三大运营商在多个服务触点上通过人工智能提升用户满意度、降低用户投诉等。

在消费者领域，科大讯飞围绕“AI+ 办公场景”，通过智能办公本、录音笔、讯飞听见 App 等产品，为消费者提供办公场景下所需的产品和服务，将日常办公过程中形成的声音、图文等原始非结构化的数据，快速处理成可以方便保存、检索的文本数据，实现日常办公及学习场景效率的提升。

围绕多个主题、多个主体，科大讯飞利用自己的行业优势将数字化落到实处。

7.2.4　贤牛科技：IT 后市场企业数字化转型的实践与启示

贤牛（北京）科技有限公司（以下简称“贤牛科技”）成立于 2018 年 4 月，作为专注于后市场的数字化服务平台，贤牛科技致力于通过数字化业务推动企业级 IT 后市场的数智化转型，通过整体搭建服务体系的商业云服务、数字化转型咨询、平台体系搭建和代运营服务助力 IT 服务供应链数字化升级。

2018 年 4 月至 2019 年 8 月为起步阶段。公司成立后 4 个月内即搭建了针对企业数据中心

IT 服务和备件采购的线上交易平台（贤牛 App）并完成了优化；提出了 IT 后市场的概念，全面布局 SaaS（软件即服务）赛道；率先推出 MDT（多领域技术支持）二线专家服务。

2019 年 8 月至今为增长扩张阶段。该阶段的主要特征为积极发展与服务商和客户的合作关系和业务的创新升级。

贤牛科技作为数字化的服务供应链，整合了全网备件供应商、技术服务商和工程师资源，提供工具和智能算法，协助用户在获客、交付、供应、运营四大业务场景下数字化升级。其亮点可概括如下。

（1）销售云。客户需求是企业创造价值的业务活动的依据，客户交易是企业利润的来源，而获客是围绕客户一切商业活动的起点。贤牛科技的重点业务之一——销售云致力于解决 IT 后市场企业的获客难题。用 SaaS 模式为企业提供营销系统、解决增长问题，实现从找到线索、商机转化、智能报价到变成订单、履约、有效汇款的全流程智能化管理。

（2）人力云。IT 运维行业存在大量工程师资源，在传统商业模式下较为分散，用工灵活度较低。贤牛科技在 SaaS 平台上不仅提供工程师资源池搭建、工程师能力分级、不同工种人力派驻等服务，还提供灵活用工、零工众包等服务。

在技术支持上，提供 AR 远程协作服务。借助 AR 设备，远程专家可以指导现场工程师服务，满足 IT 系统可用性、业务连续性的要求。

（3）仓备云。IT 服务备件的仓储管理是供应链管理中的重要环节，关系运营成本的高低，决定了服务商面向客户需求的响应效率和服务质量。贤牛科技提供 WMS（仓库管理系统）和智能仓储机器人管理，助力商家提高库存管理能力。

7.3　政企合作发挥行业优势，解决数字化转型难点

本节聚焦两家企业，以政企合作为视角切入，探讨政府在企业数字化转型中的作用。

7.3.1　云景文旅：政企合作模式下合资中小企业数字化转型

云景文旅科技有限公司（以下简称“云景文旅”）专注于文旅行业，以大数据为牵引，依托“一部手机游”模式，在旅游大数据和旅游行业应用软件方面构建核心竞争力，开展“旅游大数据、智慧旅游建设、运营服务”等核心业务，为政府、企业、游客提供长期可持续发展的

智慧服务，为文化旅游产业发展贡献力量。

1. 云景文旅发展历程

云景文旅始于 2013 年联通的智慧旅游项目，并以中国联通首个省级智慧旅游技术平台入选贵州省“云上贵州·智慧旅游云”工程建设。2015 年中国联通与贵州省政府合作承办原国家旅游局旅游大数据库灾备中心，同时建立中国联通旅游大数据平台。凭借平台中心，2016 年中国联通建立旅游信息化产品孵化基地（贵州），并在 2017 年承接了 25 项贵州省内的智慧旅游项目。2019 年出于文旅行业发展的需要，中国联通和腾讯共同出资成立云景文旅科技有限公司。

2. 合资公司：联通 + 腾讯

云景文旅由中国联通和腾讯共同出资成立，联通占股 60%，腾讯占股 40%。云景文旅以“科技 + 文化 + 旅游”为发展目标，依托中国联通全国销售体系和市场渠道、腾讯旅游行业技术和产品优势，基于大数据、云计算、物联网、移动互联网及 5G 技术等在旅游行业进行深入研究，面向全国旅游行业提供解决方案及系统集成建设、应用软件系统开发、旅游大数据产品开发、旅游电子商务及旅游实体运营服务、文旅产品及旅游营销宣传活动、“5G+ 文旅”产业装备制造等服务。云景文旅最大限度发挥中国联通和腾讯的核心资源优势，为政府、企业和游客提供可持续发展的智慧服务，为文化旅游产业发展贡献力量。

3. 云景文旅的定位

云景文旅的企业概念是“中国联通 + 腾讯 = 品牌 + 市场 + 科技 + 营销 + 生态 = 新文旅”，企业愿景是立足贵州面向全国，全心全意促推中国文旅产业发展，为文旅做好服务工作。核心任务是构建数字文旅生态，打造全国领先文旅信息化“独角兽”企业，引领数字文旅产业发展。

贵州省政府和云景文旅合作推出的“一码游贵州”全域智慧旅游平台，给游客提供了吃、住、行、游、购、娱一站式旅游解决方案，极大地方便了游客的出行。在贵州旅游大数据全国领先的背景下，进一步建成了比较完善的旅游大数据分析和应用体系，推动了贵州旅游产业的发展。智慧旅游重在运营，“一码游贵州”平台在后续的运营中要适度放宽政府与市场相结合的模式，将产品预订等环节交给市场，找准定位，着重做好平台的内容建设和活动宣传等，进一步发挥平台公共服务的职能，从而真正实现“全域智慧旅游全产业共建共赢”的旅游生态模式。

7.3.2 聚合数据：搭上产业集群和政府政策的高速列车

天聚地合（苏州）科技股份有限公司（以下简称“聚合数据”），是国内首批成立、服务规模庞大、服务质量领先的数据应用技术服务企业，也是一家典型的互联网大数据企业。基于

API 技术，聚合数据不仅为客户提供覆盖多领域、多场景的线上标准化数据应用服务，还为客户提供 API 治理、大数据治理和企业数字化员工等数字化解决方案，助力企业和政府等主体加快实现数字化转型。

聚合数据坐落于苏州工业园区，良好的创业环境与开放创新的氛围使得这里成为企业发展壮大的沃土。从启动资金支持到场地免租，一系列的扶持政策对初创企业非常友好。聚合数据获得了苏州工业园区在税收减免、返还上的大量政策支持。此外，政府对人才引进的重视也有利于企业招贤纳士。除了苏州大学等本地高校，苏州政府还吸引了很多知名高校在此建设校区。高校与企业之间常常进行项目、课题的合作与人才交流，产学研结合极大地提升企业的创新效率。高校的信息化建设为聚合数据提供了新市场，云中苏大脸书系统便是聚合数据在这方面开展的积极探索，由指标体系进行赋值，通过画像系统呈现个人画像并形成反馈，实现科学评价，驱动学生、老师、学院进行自我成长和改进，为高校的数字化转型提供可复制、可推广的经验。

随着数字化技术的迅猛发展，各个企业逐渐了解数据所蕴含的价值，对数据的重视程度越来越高，越来越多的企业开始关心如何有效地管理和运用数据。数字化转型的前提是打破数据孤岛，如果标准不一，就无法有效地整合，如果数据质量不高，就无法精准地分析。数据是需要被管理的，数据安全是需要保护的，聚合数据抓住了机遇，乘上了行业的东风，逐步成长为互联网大数据企业的领跑者。

7.4　智慧农业助力乡村振兴，数字化向农产品市场进军

本节挑选了三个代表性企业样本，分析其数字化转型脉络，为现代农业转型升级和创新发展提供参考范本。

7.4.1　福泉鑫：智慧农业的理想与现实

福建福泉鑫生物科技有限公司（以下简称“福泉鑫”）创立于 2012 年，是一家集食用菌研发、菌种培育、食用菌储藏保鲜、营销及初加工于一体的科技型现代农业企业。作为福建省古田县农业科技企业的典型代表，福泉鑫一直致力于科技创新。在福建省农业农村厅 2019 年现代农业智慧园项目的资金支持下，福泉鑫不断推进农业物联网、大数据等信息化新设备建设，

将新技术综合应用于食用菌生产、加工等领域，建成了福泉鑫省级现代农业智慧园。

1. 智慧农业带来的改变之一：大规模

生产规模扩大发展是智慧农业所带来的成效之一，也是智慧农业发展所需的条件之一。智慧农业投入与产量扩大之间存在双向关系：一方面，智慧农业投入有利于农业生产，对产量扩大有一定的正向作用；另一方面，智慧农业的投入，尤其是数字技术的投入导致企业在劳动力、农业机械等方面的投入减少，这不利于企业扩大生产。

2. 智慧农业带来的改变之二：机械化

机械化生产是智慧农业的基础，企业只有在实现机械化、自动化的基础上才能实现智慧农业。从这点来看，福泉鑫是具备智慧农业生产条件的。福泉鑫时刻关注并及时引进先进设备，逐渐形成了全流程机械化的模式。

3. 智慧农业带来的改变之三：大数据

福泉鑫的菇房内采用传感器与检测器进行温度、湿度、光照等数据的采集。数据采集后会由第三方系统进行处理，大数据所提供的材料只是进行产量、温度、湿度等条件调节的决策因素之一，大数据只是用于辅助决策。从这个角度来看，数字与农业的结合并不等于智慧农业。

在乡村振兴与农业农村现代化的大背景下，智慧农业的构想无疑是迈向现代农业的理想道路。但是需要理智客观地看待智慧农业的发展。对当前的农业企业而言，脚踏实地地以"机械化——数字化——智能化"的路径稳步开展智慧农业建设才是较为合理的选择。

7.4.2 甲骨文超级码：农产品溯源，助力打造高端消费农产品

浙江甲骨文超级码科技股份有限公司（以下简称"甲骨文超级码"）成立于 2005 年，提供"产品区块链数字身份"为载体的产品数字身份与数字三农体系化整体解决方案服务商，是全国防伪溯源国家标准的起草单位，在企业数字化领域的核心产品是超级码云平台，该平台能够解决企业品牌防伪、渠道窜货、智能生产和精准营销等痛点，赋能未来工厂战略转型。

1. 携手品牌厚植成长沃土

大企业怕假货、小企业怕没品牌，溯源的需求是全市场化的。超级码虽然是初创的中小型企业，但凭借它的行业领先优势，能够在众多同类型企业中受到大型企业的青睐，为海康威视、雅迪、公牛、茅台等知名品牌提供防伪溯源解决方案。考虑到大型企业产品强劲的生命力，甲骨文超级码的创始人提出了"一物一码"产品全生命周期数字化管理的理念，但凡是需要溯源认证的产品，一旦产生利润，甲骨文超级码就能在下游贴码中盈利。

2. 政策优惠激发潜力

在用地方面，政府以较优惠的租金和较全面的基础设施为进军农村的企业提供支持。在企业发展方面，政府“一企一策”地针对企业发展中遇到的困难给予帮助，如知识产权保护、技术创先支持、市场开拓扶持等。

3. 数字化农产品市场面临难题

农产品市场数字化并非易事。一方面，中国大国小农的国情农情和城乡二元结构导致农村整体发展相对落后，开拓数字化农产品市场存在着较大的阻碍。另一方面，农村地区基础设施发展相对落后，农业生产基地的 4G 信号盲点较多，乡村 5G 基站、光纤宽带、物联网设施等新基建数量和布局亟待完善。

甲骨文超级码主要是通过拓宽市场、稳定销路来提升产品的价值，但这些服务必须建立在特色产业之上。而尚未成熟的数字农业对甲骨文超级码意味着目标客户规模很小。

4. 全产业链解决方案

甲骨文超级码借助农产品区域公共品牌的概念，深挖当地农产品特点及地域文化特色，拓宽特色产品网络销售渠道，增强品牌影响力。随着甲骨文超级码“惠农”政策的实施，500 多个县域政府、5 000 多个农业基地都与甲骨文超级码建立起了稳固的合作关系，培育了一批优秀的农产品品牌，产品吸引力、市场适应性和价值转化率都得到显著的提高。

7.4.3　文胜生物：个性化定制助力化肥中小企业转型升级

安徽省文胜生物工程股份有限公司（以下简称“文胜生物”）位于安徽阜阳市，是专业从事新型功能性生物配方肥个性化定制的平台服务企业，拥有安徽省新型功能性肥料工程技术研究中心和省认定企业技术中心、农业部指定“测土配方施肥全国推广试点企业”、安徽省经济和信息化厅制造业与互联网融合发展试点企业、工业和信息化部工业互联网试点示范企业等称号。

1. 建立个性化定制服务体系

文胜生物专注于生物肥料增效剂、生物土壤修复剂和生物水体净化剂的研发及规模化生产，打造百名土壤营养师，为新型种植户提供个性化定制和保姆式套餐施肥服务，实现“5G 工业互联网 + 绿色工业 + 绿色农业 + 信息资源共享”，打造生物智造产业高地。

中国为农业大国，化肥市场需求高，但不同地区的土壤差异较大，所需补充的化肥成分也千差万别。文胜生物针对特色作物品种所需的营养特点，酸性和碱性土壤的需肥特点，以及机播、飞防、滴灌等不同施肥方式，将信息技术与农业技术相结合，以科技为引导，将农化服务深入田间地头，建立了独特的“县级服务平台 + 乡镇合伙人 + 科技示范户”线上线下融合的新型功能性生物配方肥个性化定制服务体系。通过县级服务平台服务乡镇合伙人，进而为科技示范户提供个性化定制、配送及技术服务。目前公司业务已经覆盖了 56 个县，发展了 1 000 多个乡镇合伙人，服务了十万多家科技示范户。

2. 打造资源高效配置平台

文胜生物积极拓展关联平台业务，利用工业互联网、大数据、SaaS、AI 等技术手段，搭建了田间云优质有机资源高效配置平台，为工农业有机废弃物提供处理方案。通过“变废为宝”，文胜生物给出了环保问题与经济效益一手抓的解决范式，打通了绿色有机资源循环产业链，提高了有机资源循环产业链的配置效率。

同时，田间云优质有机资源高效配置平台还运用 NHX 基因介导、功能性菌种选育、高活性生物材料发酵等生物技术工艺，研制出“NHX 恩核思”系列功能性助剂，为有机肥企业、水溶肥企业、制种育苗企业、配方施肥企业等提供定制服务，助力有机废弃物资源化和产品升级。通过搭建产业互联网平台聚集整合的优质有机资源和生物技术资源，田间云优质有机资源高效配置平台可直接为土壤修复、水体净化、工农业废弃物处理等环境修复工程企业赋能。

个性化定制与工业互联网平台相结合的模式，为从事化肥生产的中小企业进行数字化转型提供了新思路。该模式具有较强的可行性，希望未来能推广至更多制造业中小企业。

7.5 案例启示

7.5.1 注重专业性人才的培养

目前数字化人才的标准及薪资标准不明晰，企业难以招聘到高质量的数字化人才，企业的用工成本和经营负担较重。同时，在数字化转型时代，企业数字化人才的培养标准、方向和模式难以快速适应企业数字化转型的现实需求。

政府应该努力构建人才产业链，支持“企业 + 院校 + 技术公司”共建产业学院，设置体系化专业课程，培养真正符合市场需求的专业性人才，适当开放“绿色通道”等优惠政策，满足人才发展需求，从根本上解决本土企业尖端人才缺乏问题。

7.5.2　拓宽中小企业融资渠道

融资难是中小企业普遍存在的难题之一。中小企业在数字化转型的过程中，需要引入一些自动化设备以及软件，资金需求较高。而大部分中小企业的收款方式为“付定金（30%）+付尾款（70%）”，在收到尾款之前，企业处于资金周转困难的阶段，负担不起数字化转型所需的资金，且中小企业的融资渠道不畅通，数字化转型面临的资金阻碍较大。

首先，国家要把好金融创新关，采用多种方式对企业提供融资帮助。如鼓励银行等金融机构面向中小企业构建多元化、梯度化金融产品；地方政府可以出台相关融资政策，以有效化解中小企业融资困难、资金难以正常运转的窘境。其次，建立和完善中小企业融资的信用体系，适度丰富征信评估指标，充分利用生产数据综合评估，在提高中小企业的信用度的同时也可以维护银行等金融机构的利益。最后，完善担保机制，一是政府对中小企业进行担保，二是专业的担保机构对中小企业进行担保，便利中小企业的融资流程。

7.5.3　落实相关鼓励政策

推动中小企业数字化转型是一项复杂的系统性工程，除了要依靠财政政策支持、税收优惠、金融服务等普惠性的鼓励政策外，还要考察政策的落地度。针对各细分行业中的中小企业数字化转型面临的痛点难点，制定更有针对性的政策，探索中小企业数字化转型的方法路径、市场机制和典型模式，通过示范带动、复制推广，确保中小企业数字化转型取得实效，提高中小企业数字化转型的积极性。

通过行业协会、政策交流峰会等活动开展政策宣讲，以使中小企业更好地了解国家及地方政策，进一步结合数字化转型的具体项目推进相关鼓励政策落地落实。加大对高新技术中小企业的政策支持力度，引导带动资金、技术、人才等向高新技术中小企业倾斜，帮助中小企业摆脱结构转型的自限性困境。

7.5.4　中小企业主动谋求数字化转型

第一，中小企业应根据自身业务发展情况和行业属性，通过学习和实践制定切实可行的数字化转型计划。第二，中小企业应选择恰当的数字化服务平台和数字化技术工具、产品，如利用云计算和 SaaS（软件即服务）解决方案以降低数字化转型的成本和前期研发难度。第三，中小企业可以充分利用工业互联网平台，推动设备自动化、数据可视化等，搭建线上管理系统，进行全方位的数字化转型。第四，中小企业应依托龙头企业开展网络化协作，嵌入数字生态系统。第五，中小企业可以通过共建实训基地、校园人才选聘大会等方式加深校企合作，培养壮大数字化转型人才储备。

7.5.5 发挥数字平台作用

鼓励数字化服务商积极为正在进行数字化转型的中小企业提供诊断、咨询等服务，开展数字化战略规划、技术实施和培训等业务，开发集成“小快轻准”的数字化服务和产品，提高服务水平。

链主企业、龙头企业要与中小企业积极合作，充分发挥平台能力和数据基础，推动上下游配套发展，鼓励开放应用场景和技术扩散，构建订单、设计、生产、供应链等多方面协同格局，助力中小企业加速核心业务数字化转型。

参考文献

［1］蔡清龙，苏畅．数字化转型对中小企业绩效的影响：以H服装贸易公司为例［J］．中国管理信息化，2021，24（20）：93–94.

［2］陈庆江，王彦萌，万茂丰．企业数字化转型的同群效应及其影响因素研究［J］．管理学报，2021，18（05）：653–663.

［3］陈银飞，邓雅慧，茅宁．数字化、轻资产运营与企业成长［J］．会计与经济研究，2022，36（03）：94–110.

［4］池毛毛，叶丁菱，王俊晶，等．我国中小制造企业如何提升新产品开发绩效：基于数字化赋能的视角［J］．南开管理评论，2020，23（03）：63–75.

［5］董志勇，李成明．“专精特新”中小企业高质量发展态势与路径选择［J］．改革，2021（10）：1–11.

［6］郭海，韩佳平．数字化情境下开放式创新对新创企业成长的影响：商业模式创新的中介作用［J］．管理评论，2019，31（06）：186–198.

［7］何帆，刘红霞．数字经济视角下实体企业数字化变革的业绩提升效应评估［J］．改革，2019（04）：137–148.

［8］何帆，秦愿．创新驱动下实体企业数字化转型经济后果研究［J］．东北财经大学学报，2019（05）：45–52.

［9］何叶田．中小企业转型与创新模式及其绩效研究［D］．杭州：浙江工业大学，2016.

［10］胡元林，庄永耀．企业数字化转型的影响因素及其绩效研究进展［J］．昆明理工大学学报（自然科学版），2023，48（01）：160–169.

［11］赫曼特·塔内佳，凯文·梅尼．去规模化：小经济的大机会［M］．杨晔，译．北京：

中信出版集团，2019.

［12］黄群慧，余泳泽，张松林 . 互联网发展与制造业生产率提升：内在机制与中国经验［J］. 中国工业经济，2019（08）：5–23.

［13］金杭铖 . 企业数字化对绩效的影响及机制研究［D］. 上海：上海外国语大学，2022.

［14］金珺，李诗婧，黄亮彬 . 传统制造业企业数字化转型影响因素研究［J］. 创新科技，2020，20（06）：22–34.

［15］李芊霖，王世权 . 新冠疫情冲击下中小企业如何应对危机：基于辽宁省中小企业的问卷调查［J］. 地方财政研究，2020（04）：11–21.

［16］李舒沁 . 欧盟支持中小企业数字化转型发展政策主张及启示［J］. 管理现代化，2020，40（05）：65–68.

［17］李小忠 . 数字经济发展与企业价值提升：基于生命周期理论的视角［J］. 经济问题，2021（03）：116–121.

［18］刘俊艳 . 传统外贸型中小企业数字化转型升级的障碍与对策：以 OEM 型青岛家居纺织业为例［J］. 科技导报，2020，38（14）：126–133.

［19］刘梦莎，邵淇，阮青松 . 数字化转型对企业债务融资成本的影响研究［J］. 财经问题研究，2023（01）：63–72.

［20］刘淑春，闫津臣，张思雪，等 . 企业管理数字化变革能提升投入产出效率吗［J］. 管理世界，2021，37（05）：170–190，13.

［21］刘涛，张夏恒 . 我国中小企业数字化转型现状、问题及对策［J］. 贵州社会科学，2021（02）：148–155.

［22］楼永，刘铭 . 中小企业数字化变革：从迟徊观望到乘势而上：基于文本挖掘法的变革路径与绩效研究［J］. 工业技术经济，2022，41（02）：3–13.

［23］罗斌元，赵帅恒 . 数字化转型对制造企业创新绩效的影响研究［J］. 创新科技，2022，22（03）：57–68.

［24］吕程成 . 中小企业数字化转型现状、影响因素及对策［J］. 企业科技与发展，2022（03）：20–22.

［25］吕芬，朱煜明，凯瑟琳・罗伯特 . 数字化背景下的创新价值链国外综述［J］. 科技管理研究，2020，40（14）：1–9.

［26］戚聿东，蔡呈伟 . 数字化企业的性质：经济学解释［J］. 财经问题研究，2019（05）：

121–129.

［27］邵文波，李坤望．信息技术、团队合作与劳动力需求结构的差异性［J］．世界经济，2014，37（11）：72–99.

［28］戚聿东，蔡呈伟．数字化对制造业企业绩效的多重影响及其机理研究［J］．学习与探索，2020（07）：108–119.

［29］戚聿东，肖旭．数字经济时代的企业管理变革［J］．管理世界，2020，36（06）：135–152，250.

［30］裘莹，郭周明．数字经济推进我国中小企业价值链攀升的机制与政策研究［J］．国际贸易，2019（11）：12–20，66.

［31］唐雪芩．德国促进中小企业数字化转型的动因与效果研究［D］．广州：广东外语外贸大学，2018.

［32］童雨．中国制造业数字化转型的影响因素研究［J］．技术经济与管理研究，2022（03）：124–128.

［33］王慧，夏天添，马勇，等．中小企业数字化转型如何提升创新效率？基于经验取样法的调查［J］．科技管理研究，2021，41（18）：168–174.

［34］王润东．企业数字化转型升级研究：以货物运输企业为例［J］．甘肃科技纵横，2021，50（04）：76–79.

［35］王敬勇，孙彤，李珮，等．数字化转型与企业融资约束：基于中小企业上市公司的经验证据［J］．科学决策，2022（11）：1–23.

［36］王永进，匡霞，邵文波．信息化、企业柔性与产能利用率［J］．世界经济，2017，40（01）：67–90.

［37］魏国辰，陈宇恬，王焕焕．基于扎根理论的零售企业数字化转型影响因素［J］．商业经济研究，2021（19）：41–43.

［38］王瑶瑶，何建华．数字经济时代中小企业数字化转型问题研究［J］．时代金融，2019（26）：60–61.

［39］王玉．数字经济对中小制造企业转型的影响研究［J］．经济社会体制比较，2021（03）：47–57.

［40］温忠麟，叶宝娟．中介效应分析：方法和模型发展［J］．心理科学进展，2014，22（05）：731–745.

［41］吴非，胡慧芷，林慧妍，等．企业数字化转型与资本市场表现：来自股票流动性的经验证据［J］．管理世界，2021，37（07）：130–144，10.

［42］许宪春，张美慧，中国数字经济规模测算研究：基于国际比较的视角［J］．中国工业经济，2020（05）：23–41.

［43］胥培俭，丁琦，张思文．数字经济时代中小企业数字化转型研究［J］．信息通信技术与政策，2020（03）：53–55.

［44］杨德明，刘泳文．“互联网+”为什么加出了业绩［J］．中国工业经济，2018（05）：80–98.

［45］杨晶辉，孙凤芹．后疫情时代我国中小企业数字化转型影响因素［J］．华北理工大学学报（社会科学版），2023，23（01）：38–45.

［46］袁淳，肖土盛，耿春晓，等．数字化转型与企业分工：专业化还是纵向一体化［J］．中国工业经济，2021（09）：137–155.

［47］张建伟．税收优惠对企业数字化转型的影响研究［J］．会计之友，2023（03）：34–40.

［48］张昆贤，陈晓蓉．谁在推动数字化：一项基于高阶理论和烙印理论视角的经验研究［J］．经济与管理研究，2021，42（10）：68–87.

［49］张永珅，李小波，邢铭强．企业数字化转型与审计定价［J］，审计研究，2021（03）：62–71.

［50］张夏恒．中小企业数字化转型障碍、驱动因素及路径依赖：基于对377家第三产业中小企业的调查［J］．中国流通经济，2020，34（12）：72–82.

［51］张新，徐瑶玉，马良．中小企业数字化转型影响因素的组态效应研究［J］．经济与管理评论，2022，38（01）：92–102.

［52］张一林，郁芸君，陈珠明．人工智能、中小企业融资与银行数字化转型［J］．中国工业经济，2021（12）：69–87.

［53］张振刚，张君秋，叶宝升，等．企业数字化转型对商业模式创新的影响［J］．科技进步与对策，2022，39（11）：114–123.

［54］张正平，王龙．数字金融对中小企业经营效率的影响：基于深圳创业板数据的实证研究［J］．中国流通经济，2021，35（08）：30–39.

［55］赵宸宇．数字化转型对企业社会责任的影响研究［J］．当代经济科学，2022，44

（02）：109–116.

［56］赵宸宇，王文春，李雪松．数字化转型如何影响企业全要素生产率［J］．财贸经济，2021，42（07）：114–129.

［57］赵娜，宋子祥，李珮，等．数字化转型对企业财务风险的影响［J］．科学决策，2022（12）：21–36.

［58］赵涛，张智，梁上坤．数字经济、创业活跃度与高质量发展：来自中国城市的经验证据［J］．管理世界，2020，36（10）：65–76.

［59］钟雨龙，陈璋．防疫常态化背景下我国中小企业数字化转型的发展研究［J］．商业经济研究，2021（10）：113–116.

［60］周骁，郭树华．数字化转型如何影响企业利润率：数字经济视角下的机制与经验研究［J］．贵州财经大学学报，2023（01）：32–40.

后　记

2021年10月18日，中共中央政治局就推动我国数字经济健康发展进行第三十四次集体学习，习近平总书记在主持学习时强调，数字经济具有高创新性、强渗透性、广覆盖性，不仅是新的经济增长点，而且是改造提升传统产业的支点。要全面推进产业化、规模化应用，把握数字化、网络化、智能化方向，推动制造业、服务业、农业等产业数字化，利用互联网新技术对传统产业进行全方位、全链条的改造，提高全要素生产率，发挥数字技术对经济发展的放大、叠加、倍增作用。

从国际形势看，外部风险挑战仍然较多，全球通货膨胀仍处高位，发达经济体货币紧缩延续，世界经济下行态势显现，国际金融体系脆弱性上升，大国博弈和地缘政治风险加剧，不稳定、不确定、难预料因素增多。从国内形势看，当前我国经济运行好转主要是恢复性的，内生动力还不强，需求仍然不足，经济转型升级面临新的阻力，企业生产经营困难较多。数字化转型对中小企业而言，可能是一个既关乎当下生存又关乎长远发展的关键命题。推动中小企业以数字化转型带动经营理念、技术、组织、管理和模式创新，提高全要素生产率，不仅事关中小企业的生存发展，而且对我国整体顺应新一轮信息化、网络化、智能化产业变革大势，重塑经济增长动能引擎，以"新供给和新需求在新锚点上再平衡"巩固竞争优势，实现高质量发展目标都具有重要的战略意义。

本书理论与实践相结合，阐述中小企业数字化转型的现状、存在的问题以及今后发展方向，结合大量案例，为广大中小企业数字化转型提供了方法论。

在本书编写过程中，中国中小企业协会的李子彬会长、马彬常务副会长、谢极秘书长和聂贤祝副秘书长以及中国人民大学国家中小企业研究院副院长孙文凯教授和天枢智库高级研究员魏小强给予了指导。全书由孙文凯教授统稿，第1章由董涛撰写，第2章由孙文凯和闫锦撰写，第 3 章由张文凯和王文靖撰写，第 4 章由张杨璐和刘玉涛撰写，第 5 章由龙莹撰写，第 6 章由魏小强撰写，第 7 章由杨思怡和唐思远撰写。全书由中国中小企业协会政策研究中心主任董涛修改定稿。

本蓝皮书出版得到中国计划出版社的大力支持，使之作为研究成果得以与广大读者见面。本书引用的相关研究成果和文献的数据、观点和内容，主要以参考文献的形式列示，恕不能尽数标明。在此，谨向所有关心支持本书编写出版的领导、同志以及相关研究者表示衷心的感谢！

随着我国经济转型步伐的迈进，作为我国经济活动中不可或缺的中小企业，将面临各种问题、机遇和挑战。中国中小企业协会将以助力中小企业发展，研究、探索、解决中小企业发展中遇到的问题为己任，持续发布相应主题的蓝皮书，一方面为政府部门制定政策提供相关建议，另一方面为广大中小企业的发展鼓与呼。希望本蓝皮书能够得到全国中小企业的持续关注和支持！

本蓝皮书是阶段性问题的思考和探索，难免存在疏漏和不当之处，敬请广大读者批评指正。

本书编委会

2023 年 6 月 27 日于北京